Janusz Piekalkiewicz

# Arnheim 1944

## Die größte Luftlandeoperation

Janusz Piekalkiewicz

# Arnheim 1944

## Die größte Luftlandeoperation

BECHTERMÜNZ VERLAG

# Inhalt

# Vorwort

»The gallant defeat« – die bravouröse Niederlage der 1. englischen Luftlande-Division bei Arnheim –, die zugleich den Deutschen ihren letzten Sieg bescherte, war ein Schlußakkord der Idee Montgomerys, in Richtung Reichshauptstadt zu marschieren, die mit dem Rückzug der für die »Operation Berlin« vorgesehenen britischen Elite-Truppen bei Nacht und Nebel über den Niederrhein am 26. September 1944 endete. Die Operation »Market-Garden« war nicht nur das größte Luftlande-Unternehmen des Zweiten Weltkrieges, es war nach den Worten eines englischen Historikers auch das seltsamste. Es zeigt gleichzeitig, mit welcher Nonchalance die Airborne Army – eine Art geflügelter Kavallerie –, deren Einsatz für entscheidende Schlachten oder Sonderaufgaben vorgesehen war, dem maßlosen Ehrgeiz führender Militärs geopfert wurde.

Und im Headquarters der Allied First Airborne Army, im mondänen Ascot unweit London, nahm schon Tage vor dem eigentlichen Start das Unheil seinen Lauf. Als erste versagte die sonst so zuverlässige englische Feindaufklärung, der es bis zum letzten Augenblick nicht gelang, sich ein genaues Bild über die Lage der Dinge im zukünftigen Einsatzgebiet zu verschaffen. Mit dem Fernhalten der holländischen Militär-Experten von den Vorbereitungen der Operation »Market-Garden« schnitten sich die Planer wiederum selbst in den Finger. Gerade diejenigen, auf deren Boden sich das Ganze abspielen sollte, waren, vertraut mit den Tücken des eigenen Landes und den gegebenen Möglichkeiten im Hinblick auf eine großangelegte Panzer-Operation, bestens informiert. Die Verantwortlichen schoben selbst die kleinste Anspielung von Tatsachen, die ihren rosigen Vorstellungen nicht entsprachen, zur Seite. Unter anderem schlugen sie Warnungen über die Anwesenheit deutscher Panzereinheiten in den geplanten Landeräumen in den Wind. Das Ergebnis: Die alliierten Fallschirmjäger wurden schon in der Luft abgeschossen oder nach der Landung auf den Heideflächen niedergemäht, viele der bis dahin Überlebenden erstickten in den Kellern des brennenden Arnheim während der neun Tage andauernden Kämpfe von Haus zu Haus und von Zimmer zu Zimmer. Allein General Urquhart, der am Niederrhein mit 10 095 Mann landete, mußte 7872 seiner Soldaten auf die Verlustliste schreiben.

Die Waffen-SS schlug dabei die ritterlichste Schlacht des Zweiten Weltkrieges (so SS-Chronist Erich Kern), und in der Tat, während die Männer unter dem Totenkopf in Warschau, wo gerade der Aufstand tobte, ganze Stadtviertel dezimierten, verteilten die Sanitäter der »Hohenstaufen«- und »Frundsberg«-Divisionen unter den 2200 britischen Verwundeten, die sie mit ihrer Pflege vor dem sicheren Tod retteten, Schokolade, Kekse und Tabak. Selbst die Verwundeten im Kessel, die keinesfalls die Absicht hatten, sich in deutsche Hände zu begeben, wurden mit Verbandszeug von ihnen versorgt. Dies alles war nicht zuletzt der Initiative des Divisionsarztes Dr. Skalka zu verdanken, dessen Samariterdienste die Engländer mit zwei Jahren Gefangenschaft quittierten.

Die Schlacht um Arnheim hat jedoch auch ein Nachspiel: Hitler, durch die Niederlage der Alliierten in seinem Selbstvertrauen bestärkt, bereitete unter größter Geheimhaltung das Unternehmen »Wacht am Rhein« – Ardennen-Offensive vor, die 1944 als letzter deutscher Schlag erfolgte und mit einem schweren Rückschlag endete.

# Personen

BARLOW, H. N., Colonel, Stellvertreter des Kommandeurs Hicks
BITTRICH, WILHELM, Obergruppenführer, Kommandeur des II. SS-Panzerkorps
BRADLEY, OMAR, General (US), Kommandeur der 12. US-Armeegruppe
BRERETON, LEWIS H., Lt.-General (US), Kommandeur der 1. alliierten Luftlande-Armee (1. Allied Airborne Army)
BROWNING, F. A. M., Lt.-General, Kommandeur des 1. alliierten Luftlande-Korps (1. Allied Airborne Corps), Stellvertreter von Lt.-Gen. Brereton
CHRISTIANSEN, FRIEDRICH, General der Flieger, Wehrmachtsbefehlshaber der Niederlande (WBN)
DEMPSEY, SIR MILES CH., Lt.-General, Kommandeur der 2. englischen Armee
DOBIE, D., Lt.-Colonel, Kommandeur des 1. Fallschirmjäger-Bataillons (1. Parachute Battalion)
EISENHOWER, DWIGHT D., General of the Army (US), Oberbefehlshaber der alliierten Truppen in West-Europa
FITCH, J. A., Lt.-Colonel, Kommandeur des 3. Fallschirmjäger-Bataillons (3. Parachute Battalion)
FROST, JOHN D., Lt.-Colonel, Kommandeur des 2. Fallschirmj.-Bataillons (2. Parachute Battalion)
GAVIN, JAMES M., Maj.-General (US), Kommandeur der 82. US-Luftlande-Division (82. Airborne Division)
GRÄBNER, KURT, Hauptsturmführer, Kommandeur der Aufklärungsabteilung der 9. SS-Pz.-Div.
HACKETT, JOHN W., Brigadier, Kommandeur der 4. Fallschirmjäger-Brigade (4. Parachute Brigade)
HARMEL, HEINZ, Brigadeführer, Kommandeur der 10. SS-Panzerdivision »Frundsberg«
HARZER, WALTER, Obersturmführer, Kommandeur der 9. SS-Panzerdivision »Hohenstaufen«
HICKS, PHILIP H., Brigadier, Kommandeur der 1. Luftlande-Brigade (1. Airlanding Brigade)
HORROCKS, SIR BRIAN, Lt.-General, Kommandeur des XXX. Panzer- und Infanteriekorps der Armee Gen. Dempsey
KRAFFT, SEPP, Sturmbannführer, Kommandeur des SS-Panzergrenadier-Ausbildungs- und Ersatzbataillons 16
LATHBURY, GERALD W., Brigadier, Kommandeur der 1. Fallschirmjäger-Brigade (1. Parachute Brigade)
LEA, G. H., Lt.-Colonel, Kommandeur des 11. Fallschirmjäger-Bataillons (11. Parachute Battalion)
McCARDIE, W. D. H., Lt.-Colonel, Kommandeur des 2. South Staffords Battalions
MODEL, WALTER, Feldmarschall, Oberbefehlshaber (OB) der Heeresgruppe B
MONTGOMERY, SIR BERNARD, Field-Marshal, Befehlshaber der 21. englischen Armeegruppe
PATTON JUN., GEORGE S., General (US), Kommandeur der 3. US-Armee
RUNDSTEDT, GERD V., Generalfeldmarschall, Oberbefehlshaber (OB) West
SOSABOWSKI, STANISLAW, Maj.-General, Kommandeur der 1. polnischen selbständigen Fallschirmjäger-Brigade (1. Independent Polish Parachute Brigade)
STUDENT, KURT, Generaloberst, Oberbefehlshaber der 1. Fallschirm-Armee
TAYLOR, MAXWELL D., Maj.-General (US), Kommandeur der 101. US-Luftlande-Division (101. Airborne Division)
TEMPELHOF, HANS-GEORG V., Oberst i. G., I c im Stab des OB der Heeresgruppe (H. Gr.) B
URQUHART, ROBERT E., Maj.-General, Kommandeur der 1. Luftlande-Division (1. Airborne Division, genannt die »Roten Teufel«)
ZANGEN, GUSTAV V., General der Infanterie, Oberbefehlshaber (OB) der 15. Armee
ZWOLAŃSKI, LUDWIK, Captain, Verbindungs-Offizier der 1. polnischen selbständigen Fallschirm-Brigade im Hauptquartier der 1. Luftlande-Division (1. Polish Para Bde/HQ 1. Airborne Div.)

# Prolog

Sommer 1944: An allen Fronten befinden sich die deutschen Armeen im Rückzug. Über eine Million Amerikaner und Engländer sind aus der Normandie ausgebrochen, haben Paris genommen und sich in den Vogesen mit der Armee des vom Mittelmeer kommenden Generals Patch vereinigt. Inzwischen hat im Norden die 21. Heeresgruppe, bestehend aus der 2. britischen und der 1. kanadischen Armee, nahezu ganz Belgien befreit und die niederländische Grenze an einigen Stellen bereits erreicht. Jetzt beginnt der Vormarsch der Engländer durch Nachschubschwierigkeiten zu stocken.

Zu dieser Zeit meinen die West-Alliierten eine klare Vorstellung über ihren Feind zu haben: »Organisierter Widerstand der Deutschen kann über den 1. Dezember 1944 hinaus nicht mehr erwartet werden und endet möglicherweise schon früher«, meint das Combined Allied Intelligence Commitee. Auch das Supreme Headquarters Allied Expeditionary Forces – SHAEF – vertritt diese Meinung.

Anfang September heißt es: »Die deutsche Armee ist keine zusammenhängende Streitmacht mehr, sondern besteht nur noch aus versprengten, desorganisierten und sogar demoralisierten Truppen, denen es an Waffen und Gerät fehlt.« Und der Chef der Operationsabteilung im War Office, General John Kennedy, notiert am 6. September: »Wenn wir im gleichen Tempo weitermachen wie in jüngster Zeit, müßten wir am 28. September in Berlin sein.«

Angesichts des greifbar nahen Sieges entwirft der britische Feldmarschall Bernard L. Montgomery einen Plan, der den Deutschen den Gnadenstoß versetzen soll. In einer kühnen Operation werden seine Panzer nach Holland hineinstoßen, bei Arnheim den Rhein überschreiten, von Norden her ins Ruhrgebiet vorgehen und vielleicht unter seiner Führung auch noch rechtzeitig als Eroberer in Berlin einmarschieren. In seinem Operationsbefehl M 525 vom 14. September 1944 schreibt Montgomery:

»1. Nun, da Le Havre erobert ist, hat unsere Versorgungslage sich gebessert, und wir können zu Operationen übergehen, die zur Eroberung des Ruhrgebietes führen sollen.

2. Der Hafen von Antwerpen ist zwar schon in unserer Hand, wir können ihn aber nicht benutzen, da der Feind noch die Scheldemündung beherrscht. Diese Sache in Ordnung zu bringen, wird Hauptaufgabe der kanadischen Armee sein.

3. Auf unserem rechten Flügel hat die 1. amerikanische Armee die deutsche Grenze überschritten und steht in Gefechtsberührung mit den Verteidigern der Siegfried-Linie. Weiter südlich hat die 3. amerikanische Armee Brückenköpfe über die Mosel gebildet.

4. Zusammen mit der 12. Heeresgruppe wollen wir nun mit Operationen beginnen, die dazu bestimmt sind, das Ruhrgebiet zu umzingeln und zu isolieren; besetzen werden wir dann das Gebiet, sobald es uns erwünscht ist. Unser Endziel ist also das Ruhrgebiet. Aber auf dem Wege dorthin wollen wir die Häfen von Antwerpen und Rotterdam erobern, um sie als Versorgungsstützpunkte zu benutzen, denn das Ruhrgebiet soll nur die erste Etappe unseres weiteren Vorstoßes in das Innere von Deutschland, von Norden her sein.

5. Die Absicht bei den jetzigen Operationen ist, alle feindlichen Streitkräfte westlich der Linie Zwolle-Deventer-Kleve-Venlo-Maastricht zu vernichten und dann ostwärts vorzustoßen und das Ruhrgebiet einzuschließen.

6. Abgrenzung des Operationsgebietes zwischen 21. und 12. Heeresgruppe: Hasselt-Sittard-Garzweiler-Leverkusen am Rhein (alle diese Orte gehören zum Bereich der 12. Heeresgruppe) – Opladen-Warburg-Braunschweig (gehören zum Bereich der 21. Heeresgruppe).

7. Tag X für das Unternehmen ist Sonntag, der 17. September. Falls schlechtes Wetter die Luftlandung verhindert, ist eine Verschiebung möglich.«

In Montgomerys Hauptquartier in Laeken bei Brüssel bezeichnet man im September 1944 die Idee als »kühn und phantasievoll«. Mit einem energischen Vorstoß würde man Berlin erreichen und »bis Weihnachten ist der Krieg aus«, erklärt zuversichtlich Montgomery.

Das Hauptproblem liegt darin, daß das Gebiet zwischen Belgien und Arnheim sumpfig, von Kanälen durchzogen und bis auf eine Chaussee für einen Panzervorstoß ungeeignet ist. Der Angriff kann nicht beginnen, ehe das XXX. Armeekorps weiß, daß die Chaussee sowie die Brücken, die über die Maas, den Waal und den Rhein hinwegführen, benutzt werden können. Zuerst sind es drei, dann vier Luftlande-Divisionen, die den Auftrag bekommen, diese wichtigen Brücken im Handstreich zu nehmen.

Das eigentliche Ziel des Unternehmens ›Market-Garden‹: die massive Eisenbeton-Straßenbrücke über den Niederrhein bei Arnheim, dazu eine nahe gelegene Pontonbrücke und eine vier Kilometer westlich der Stadt flußabwärts liegende zweispurige Eisenbahnbrücke. Diesen wichtigsten und entscheidenden Schlag soll die 1. englische Luftlande-Division Urquhart führen.

»Als ich von diesem Plan erfuhr«, sagt später US-General Bradley, »war ich genauso erstaunt, als wenn ich den Antialkoholiker Montgomery mit einem Katzenjammer bei mir hätte erscheinen sehen.« Der Amerikaner General Lewis Brereton, der Kommandeur der 1. alliierten Luftlande-Armee, ist zwar ein verdienstvoller Offizier der taktischen Luftwaffe, hat aber nie zuvor Luftlande-Truppen kommandiert und soll jetzt die ›Market-Garden‹-Operation leiten.

In der Umgebung Montgomerys herrscht die Ansicht, daß das XXX. Korps (Horrocks) beim ersten Vorstoß durch »eine harte wenn auch dünne Kruste brechen« müsse. Dahinter hat der Feind, so nimmt man an, keine ausreichenden Reserven, um dem Vormarsch der Bodentruppen zur Zuidersee aufhalten zu können. Allgemein ist man der Ansicht, daß die Deutschen nach ihren Rückschlägen keine Gefahr für die alliierte Streitmacht mehr darstellen.

General Browning sinniert: »Wir breiten einen Teppich aus mit unseren Luftlandemännern, über den unsere Bodentruppen vorgehen werden.« Das Unternehmen erhält den Code-Namen ›Market-Garden‹. ›Market‹: Das sind die Soldaten General Brownings, die aus der Luft in Holland einfallen würden; ›Garden‹: Das sind die Panzer von General Horrocks, die nur noch von Belgien nach Holland hinein über den Teppich zu rollen hätten.

Für ›Market-Garden‹ will Brereton beinahe 35000 Mann einsetzen, fast doppelt so viele Luftlande-Truppen wie bei der Invasion in der Normandie.

Wollte man das Überraschungsmoment voll ausnutzen, müßten die dreieinhalb Divisionen zur gleichen Stunde landen. Dazu fehlt es jedoch an Flugzeugen und an Lastenseglern. So kann am ersten Tag der Operation höchstens die Hälfte der Truppen abgesetzt und die wichtigen Ausrüstungen wie Geschütze, Jeeps und anderes schwere Material nur in ungenügender Zahl mitgeführt werden.

Verglichen mit ›Market‹ waren frühere Luftlandungen recht kleine Operationen, die man aber monatelang vorbereitet hatte. In sieben Tagen – mehr Zeit läßt Montgomery Brereton nicht – stellt er mit seinem Stab die Pläne für die bislang größte Operation aus der Luft zusammen.

Die Deutschen wissen die Kampfpause im Westen, die ihnen das Schicksal gönnt, recht gut auszunutzen.

Am 2. Juli 1944 hat Hitler seinen bewährten Heerführer, Feldmarschall Gerd von Rundstedt, in Pension geschickt. Zwei Monate später, am 4. September 1944, wird er wieder zum Oberbefehlshaber West ernannt. Und unter seiner Hand kommen die wirren deutschen Absetzbewegungen langsam zum Stillstand.

Bei Vught installiert Generaloberst Student ein Hauptquartier für seine neugebildete 1. Fallschirmjäger-Armee. Um Arnheim sammelt sich das II. SS-Panzerkorps unter SS-Obergruppenführer Willi Bittrich. In das Hotel ›Tafelberg‹, gelegen in einem hübschen Park nahe Oosterbeek, einem Villenvorort von Arnheim, zieht Feldmarschall Model und mit ihm das Hauptquartier der Heeresgruppe B ein.

Das II. SS-Panzerkorps (Bittrich) mit seiner 9. und 10. Division ist zwar stark dezimiert, bleibt aber was es war: ein Eliteverband mit großem Kampfgeist und Fronterfahrung. Die 9. SS-Panzerdivision ›Hohenstaufen‹ (Harzer) richtet sich im Nordosten von Arnheim ein, wo sie in einem bewaldeten Naturschutzgebiet vorzügliche Dekkung hat. Die 10. SS-Panzerdivision ›Frundsberg‹ (Harmel) bezieht ihr Quartier in einem Halbkreis von Nordosten bis Südosten, auch im Weichbild von Arnheim. Statt der üblichen 9000 Mann hat die Division ›Hohenstaufen‹ noch knapp 6000, die ›Frundsberg‹ etwa 3500 Mann. Obersturmbannführer Harzer unterstehen 20 Panzer vom Typ ›Panther‹, von denen aber nicht alle gefechtsklar sind. Harzer verfügt jedoch über eine beträchtliche Anzahl gepanzerter, mit schweren Maschinengewehren ausgestatteter Fahrzeuge, Sturmgeschütze, Panzerspähwagen und Mannschaftswagen. Harmel dagegen hat so gut wie überhaupt keine Panzer mehr und auch keine gepanzerten Fahrzeuge. Allerdings besitzen beide SS-Divisionen starke Artillerie, vor allem Granatwerfer und Flak. Bittrich umreißt später die Kampfmoral der ihm unterstellten Verbände mit den Worten: »Es war der Mut der Verzweiflung...«

Der alliierten Feindaufklärung ist entgangen, daß in Oosterbeek, ganz in der Nähe des als Landezone für die 1. Luftlande-Division ausgesuchten Gebietes, sich die Führungsstaffel der Heeresgruppe B mit dem Hauptquartier des Feldmarschalls Model, eines der fähigsten Strategen Hitlers, befindet. Nun, weder Model noch sein Stab erwarten eine Luftlandung der Alliierten in diesem Raum. »Montgomery wird sich nicht in ein solches tollkühnes Abenteuer stürzen«, ist die Meinung.

Eine der wichtigsten Voraussetzungen für das Gelingen der Operation ›Market-Garden‹ ist die alle Faktoren umfassende Feindaufklärung. Nur unter großen Schwierigkeiten können diese Informationen von alliierten Agenten, die man mit Fallschirmen absetzt, oder von Mitgliedern des Widerstandes gesammelt werden. Die meisten von ihnen sind jedoch Amateure und haben keinerlei militärische Ausbildung, so daß sie die deutschen Streitkräfte mit ihren zahlreichen Uniformen und Ausrüstungen sowie die Vielzahl taktischer Zeichen und den Typenwirrwar der Panzer und Geschütze nicht ausreichend identifizieren können. Nur ein Experte wäre wohl in der Lage, die wesentlichen Einzelheiten sicher festzustellen. Erschwerend kommt hinzu, daß im Spätsommer 1944 die Lage durch die Desorganisation der deutschen Heereseinheiten noch verworrener ist. Es wird beispielsweise die Bezeichnung ›Division‹ zuweilen auf eine Einheit angewandt, deren Kampfkraft der eines Regimentes entspricht.

Ist die Beschaffung von Nachrichten zu dieser Zeit bereits eine fast unlösbare Aufgabe, so bedeutet ihre Weitergabe an die Londoner Zentrale ein noch schwierigeres Problem. Es gleicht beinahe einem Spiel mit dem Tod, Funkgeräte einzusetzen, denn die deutschen Peilwagen arbeiten rund um die Uhr. Neben den Informationen auf dem Funkwege entnimmt der militärische Nachrichtendienst der Alliierten weitere Erkenntnisse den Aussagen von Kriegsgefangenen und der Luftaufklärung. Allerdings hängt die optimale Auswertung dieser Meldungen in der Regel von den Fähigkeiten der Geheimdienst-Offiziere in den Stäben ab.

Urquhart schreibt später darüber: »Das spärliche Nachrichtenmaterial, das uns tatsächlich erreichte, konnte uns bei der Planung der Operation nur wenig nützlich sein. Über das, was in und um Arnheim vor sich ging, wußte ich außerordentlich wenig, und mein Nachrichtendienst-Stab jagte jedem Informationsfetzen nach. Wie ich aber wußte, waren die Meldungen, die wir vom Kontinent erhielten, wahrscheinlich überholt, da sie bereits mehrere Schreibstuben der 2. Armee und unseres Korps passiert hatten. Aber für diese Dinge waren allein die Korps zuständig, und wir hatten uns damit abzufinden. Browning selbst sagte mir, wir würden wahrscheinlich auf nur unbedeutende deutsche Kräfte mit ein paar Panzern treffen.«

In England hat man inzwischen Meldungen des holländischen Widerstandes erhalten, nach denen Teile der deutschen Panzertruppen zur Überholung nach Holland verlegt worden seien. Nach Informationen unbekannten Ursprungs sind – laut Bericht des Geheimdienstoffiziers der 2. britischen Armee – Eindhoven und Nimwegen ihre Zielgebiete. Einige Tage vor Beginn der Operation ›Market-Garden‹ kommen die Nachrichtendienst-Offiziere zu der Überzeugung, daß es sich bei diesen Panzereinheiten um die 9. und wahrscheinlich auch um die 10. SS-Panzerdivision handelt. Man vermutet, daß sie mit Panzern aus einem Depot in der Nähe von Kleve, ein paar Meilen von Arnheim entfernt jenseits der deutschen Grenze, ausgerüstet werden. Der Stab der 21. Armee (der nördlichsten Armeegruppe der Alliierten unter Feldmarschall Montgomery) teilt jedoch diese Vermutungen der Offiziere im Stab des SHAEF über SS-Panzerdivisionen nicht.

Einen Tag vor dem Start der Operation ›Market-Garden‹, am 16. September, gewinnt einer der Nachrichtendienst-Offiziere der 2. britischen Armee unter General

UNTERNEHMEN
»MARKET–GARDEN«
(PLAN)

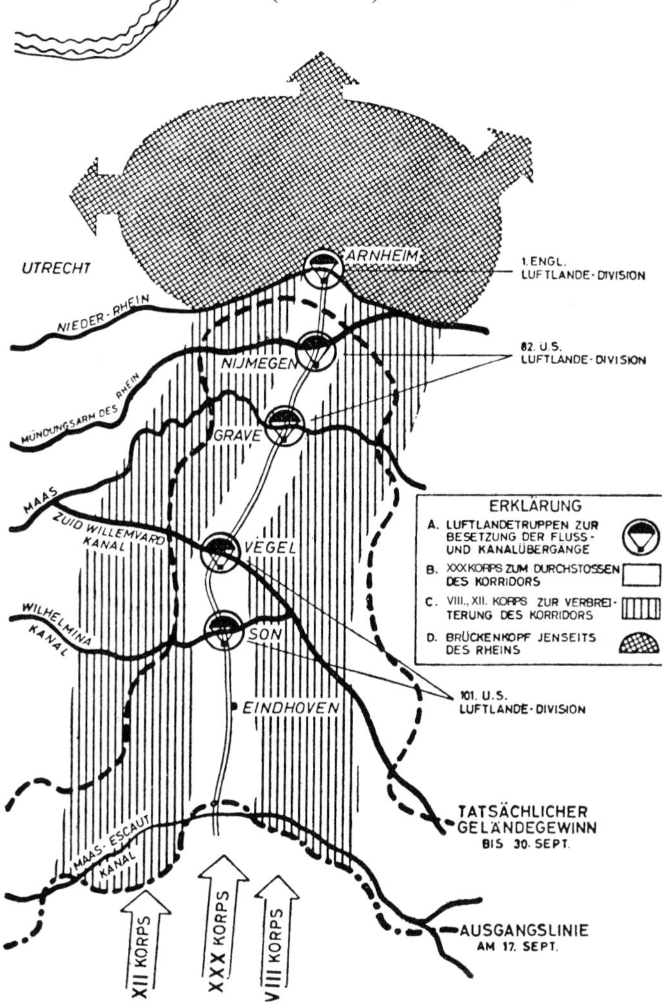


Dempsey die gleiche Überzeugung von der Anwesenheit der beiden SS-Panzerdivisionen im Raum Arnheim wie SHAEF. Er vermutet richtig, es ist das 2. SS-Panzerkorps, das man gerade noch rechtzeitig vor seiner Zerschlagung aus der Normandie zurückgenommen und in den Raum Arnheim verlegt hat. Der Stab der 2. Armee betrachtet jedoch diese Informationen über die Anwesenheit des 2. SS-Panzerkorps im Gebiet um Arnheim skeptisch, da keine anderen Quellen als die des holländischen Widerstandes die Nachrichten erhärten, außerdem habe man auf keiner Luftaufnahme Panzer erkennen können.

Schon am 13. September, also bereits vier Tage vor ›Market-Garden‹ leitet das XXX. Korps gedankenlos die Information weiter, »die Deutschen verfügten nach neuesten Erkenntnissen in Holland lediglich über ein paar Infanterie-Reserven und nicht mehr als 50 bis 100 Panzer.«

Am 15. September vermerkt der militärische Nachrichtendienst des War Office: »SS-Division ›Hohenstaufen‹ entlang der Ijssel. Einheiten dieser Division von Arnheim bis nach Zutphen-Apeldoorn gemeldet. H. Q. wahrscheinlich in Eefde. Feldbefestigungen werden entlang der Ijssel errichtet.«

Tatsächlich liegt das H. Q. der 9. SS-Panzerdivision ›Hohenstaufen‹ (Harzer) in Beekbergen, das der 10. SS-Panzerdivision ›Frundsberg‹ (Harmel) in Ruurlo und das H. Q. des II. SS-Panzerkorps (Bittrich), zu dem beide Divisionen gehören, in Doetinchem. Die gesamte Division ›Hohenstaufen‹ steht westlich der Ijssel.

Die Gruppe ›Kees‹, der Nachrichtendienst des Arnheimer Widerstandes, funkt am 15. September nach England: »Der Meldekopf ›Hohenstaufen‹ befindet sich bei Arnheim. Hier ist der Sammelplatz für Einheiten der SS-Division, von der bereits berichtet wurde. In Arnheim selbst der Meldekopf ›Harzer‹, wahrscheinlich Teil einer Einheit, die südlich von Arnheim liegt.«

Jedoch nicht einmal der oberste Befehlshaber der West-Front, Feldmarschall von Rundstedt, kennt die tatsächliche Stärke der ihm unterstellten Truppen im Raum zwischen Eindhoven und Arnheim. So kann er beispielsweise folgendes nicht ahnen: Als die 9. SS-Panzerdivision ›Hohenstaufen‹ (Harzer) den Befehl bekommt, vor der Verlegung ins Reich ihre gepanzerten Fahrzeuge an die 10. SS-Panzerdivision ›Frundsberg‹ (Harmel), die sich östlich der Ijssel neu formiert, zu übergeben, bedient sich Harzer, um seine Division nicht restlos zu schwächen, eines Tricks. In aller Heimlichkeit läßt er von den Panzerfahrzeugen seiner am Rande von Arnheim liegenden Aufklärungseinheit die Ketten und die Bewaffnung abmontieren, und meldet sie dem 2. SS-Panzerkorps (Bittrich) als nicht mehr einsatzfähig. Harzer vermutet nicht, daß diese Fahrzeuge schon bald entscheidend zur Rettung Arnheims beitragen werden.

Inzwischen tragen die Alliierten unwissentlich einiges zu ihrer späteren Niederlage bei: Die Verladung der SS-Panzerdivision ›Hohenstaufen‹, die bis jetzt im Raum Arnheim lag, in Richtung Reich, beginnt am Mittwochvormittag des 13. September. Normalerweise wäre also diese Transportbewegung bis spätestens Samstag, den 16. September, abgeschlossen, und eine der stärksten Einheiten wäre nicht mehr in der Landezone der 1. Fallschirmjäger-Division. Jedoch schon am Mittwoch, dem 13. September, greifen die alliierten Jabos die Eisenbahntransporte an, und nachts sprengen holländische Widerständler die Gleisanlagen. Dies alles verzögert die Bewegung der SS-Panzerdivision ›Hohenstaufen‹ dermaßen, daß ihre Einheiten am 17. September immer noch am Veluwe festsitzen und zu den schlimmsten Widersachern für die englischen Luftlande-Truppen und Fallschirmjäger werden.

Die vorgesehenen Landezonen sind saftig grüne Weiden, aufgelockert durch zahlreiche Städtchen und Dörfer. Der gewählte Raum westlich von Arnheim ist durch die Straße und Eisenbahn Arnheim-Ede-Utrecht, die Straße Arnheim-Wageningen und Arnheim-Oosterbeek sowie den Rhein abgesteckt. Die Straßen laufen am Westausgang Arnheims in einem spitzen Winkel zusammen.

Die Gegend selbst ist, abgesehen von der Rhein-Niederung westlich Oosterbeek, ein Waldgebiet, das in Richtung Arnheim in eine Park- und Villenvorstadt übergeht. Das unübersichtliche Gelände ist zwar einer schnellen Konzentration der gelandeten Truppen nicht gerade dienlich, erschwert jedoch erheblich die Bewegungsfreiheit des Gegners. Die aus den Landezonen strahlenförmig herausführenden Straßen erleichtern den schnellen Vorstoß in die Stadt. Das Gebiet um Arnheim und Nimwegen, zwischen Rhein und Waal, ist ein ausgesprochenes Marschgelände, von Kanälen und Entwässerungsgräben durchzogen. Der weiche, feuchte Boden macht die Operation größerer Verbände unmöglich. Motorisierte Truppen sind weitgehend an die wenigen Straßen auf den Deichkronen, die für schwere Panzer völlig ungeeignet sind, gebunden.

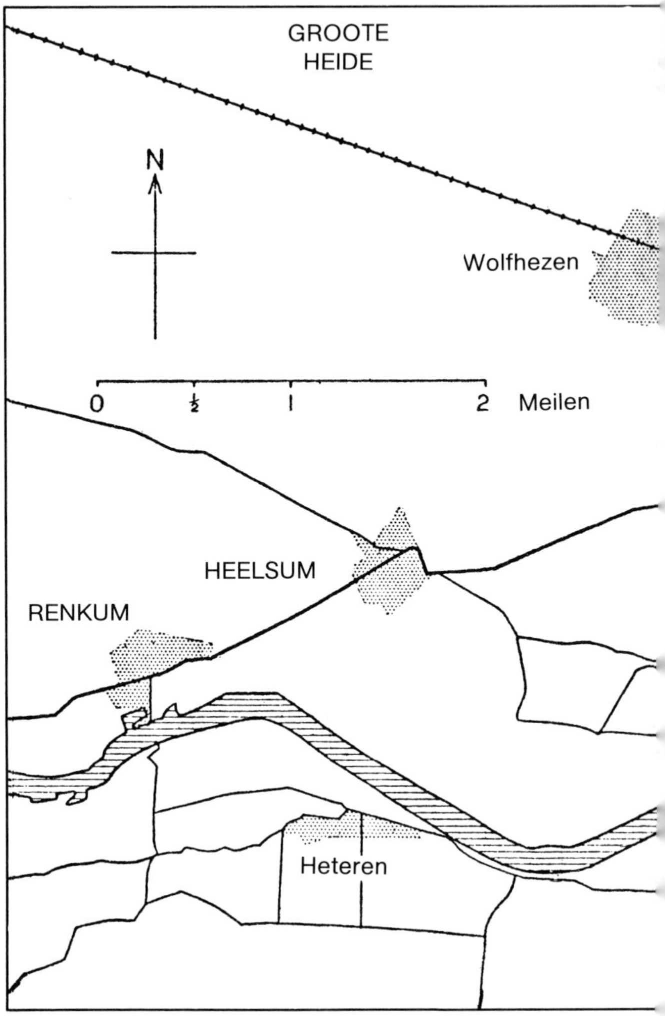


Von den höheren alliierten Befehlshabern spürt nur einer, daß mit dem großartigen ›Market-Garden‹ etwas nicht stimmt: General Sosabowski, Chef der 1. polnischen selbständigen Fallschirmjäger-Brigade. Leider hat dieser Mann unter seinen Kollegen im H. Q. am wenigsten zu sagen und wird nicht ernst genommen. Bereits die Operation ›Comet‹, eins der vielen vor ›Market-Garden‹ geplanten Unternehmen, scheint ihm derart suspekt zu sein, daß er empört bei den Generälen Urquhart und Browning protestiert, und einen schriftlichen Angriffsbefehl verlangt, da er für das Debakel nicht verantwortlich gemacht werden will und diese Operation als glatten Selbstmord bezeichnet.

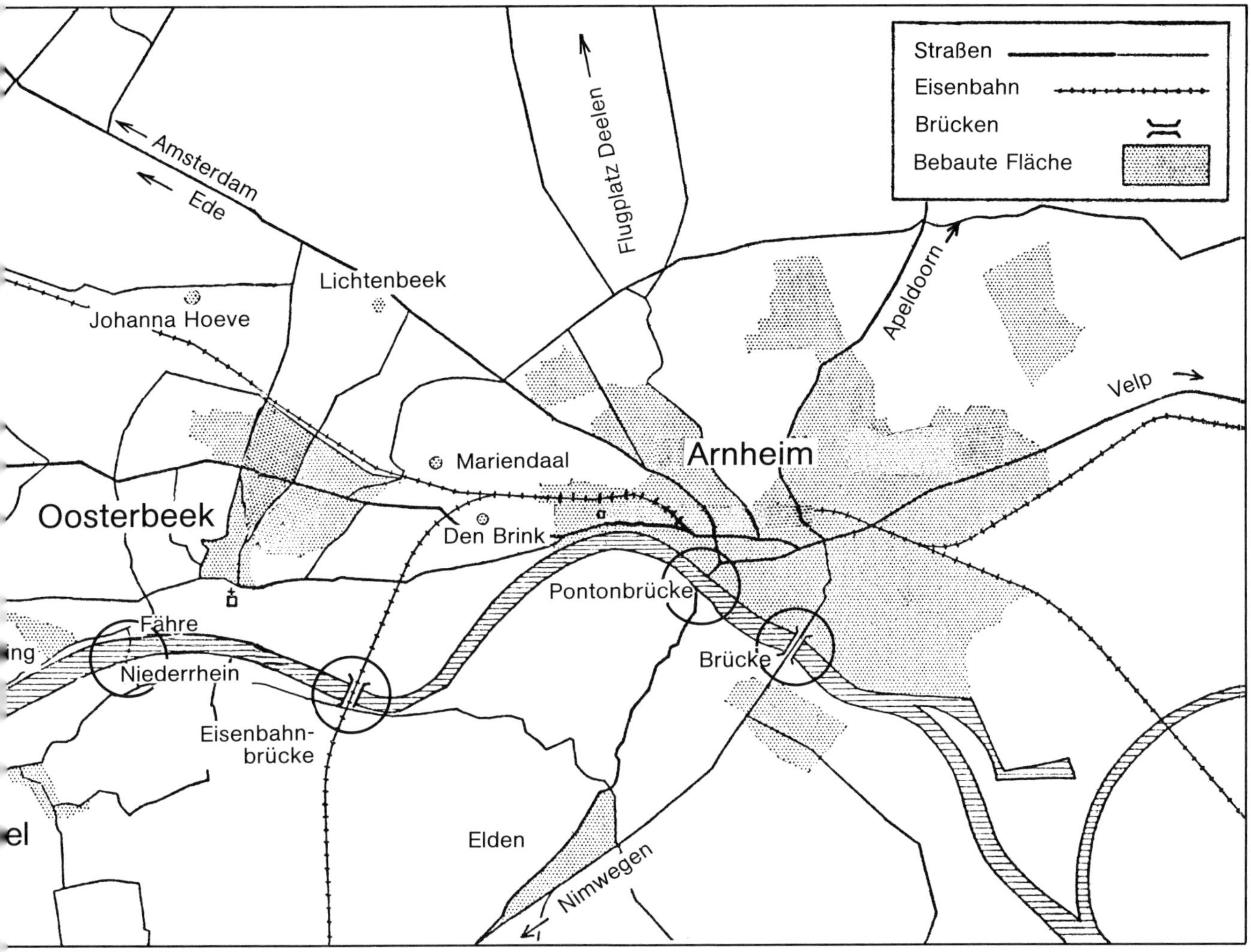

Links *Field-Marshal Montgomery (Mitte) mit belgischem Widerständler*

Was ›Market-Garden‹ betrifft, sieht Sosabowski, daß die Engländer nicht nur die deutschen Kräfte bei Arnheim maßlos unterschätzen, schlimmer noch, sie begreifen vor allem überhaupt nicht, was Arnheim für die Deutschen bedeutet. Er ist überzeugt, daß Arnheim für das deutsche Oberkommando das Tor zum Vaterland ist und kann nicht glauben, daß sie es offen stehen lassen würden.

Daß Sosabowski richtig kalkuliert, stellen die Engländer erst später fest. In einem erbeuteten deutschen Dokument heißt es wörtlich: »Die oberste Führung sehe die Schlacht bei Arnheim als entscheidend für den gesamten Schicksalskampf des deutschen Volkes an.« Der Pole läßt sich nicht einreden, daß es um Arnheim nur deutsche Truppen von geringer Kampfkraft und ein paar kaputte Panzer gebe. Sosabowski kritisiert auch heftig den englischen Plan, ihre 1. Luftlande-Division gut zehn Kilometer von ihrem eigentlichen Ziel abzusetzen, um sie dann womöglich fünf Stunden zu der Brücke marschieren zu lassen. »Und wo ist die Überraschung«, fragt er. »Wohl dem dümmsten Deutschen dürfte klar sein, wo wir hinwollen.« Doch seine Chefs im H. Q. lassen sich durch diese Einwände nicht bewegen.

Sosabowski stellt die besorgte Frage, was er für den Fall tun solle, daß die Arnheim-Brücke noch nicht in englischer Hand sei, da laut Plan schweres Gerät samt Munition für seine Brigade mit ersten Transporten nach Holland gebracht werden und nördlich des Rheins landen solle, während seine Leute auf dem Südufer abspringen. In diesem Fall sollen die Polen den Deutschen die Rheinbrücke wegnehmen, hört Sosabowski zu seiner Verblüffung.

Für die 1. britische Luftlande-Division ist es geradezu lebenswichtig, zu wissen, was sie nördlich des Rheins erwartet.

»Ich hätte meine Truppen gerne an beiden Seiten des Rheins so nah wie möglich an der Straßenbrücke gelandet«, äußert Urquhart später. Dies akzeptiert die RAF wegen des Flak-Sperrfeuers, das nach Angaben von Bomberbesatzungen im Raum Arnheim außerordentlich heftig sein soll, jedoch nicht. Außerdem befürchtet man, daß die Schleppflugzeuge nach dem Ausklinken der Lastensegler beim Wenden starkem Flak-Feuer über dem Flugplatz Deelen, etwa sieben Meilen nördlich von Arnheim, ausgesetzt sein werden. Die Geheimdienst-Experten glauben, daß das tief gelegene Polderland südlich der Brücke sowohl für Lastensegler als auch für Fallschirmjäger völlig ungeeignet sei.

Erst später stellt sich heraus: Auf dem Flugplatz Deelen befanden sich weder Flak noch Jagdbomber, lediglich wenige Soldaten vom Bodenpersonal der Luftwaffe, und Harzer gibt an, daß die Division ›Hohenstaufen‹ am Tag vor Beginn der Operation ›Market-Garden‹ nur vier 20-mm- und zwei 8,8-cm-Flakgeschütze besessen habe. Auch die Behauptung, die Landung von Lastenseglern und Fallschirmjägern auf den Poldern sei unmöglich, trifft nicht zu.

Da eine Luftlande-Operation bis zum Absetzen der Truppen auf dem Boden in der ausschließlichen Verantwortung des Piloten liegt, hat sich die RAF bei der Festlegung der Lande- und Abwurfzonen das letzte Wort vorbehalten. Urquhart notiert in seinem Bericht: »Nicht nur die Army, sondern auch die RAF seien bei ihrer Beurteilung der Flak zu pessimistisch gewesen.« Das Ergebnis: Die Lande- und Absprungplätze liegen mehrere Meilen von den eigentlichen Angriffszielen entfernt.

Erst 24 Stunden vor dem Start zur Operation ›Market-Garden‹ weiß man etwas mehr von dem, was die Landetruppen auf dem Boden erwartet. Auf dem Rückweg von Den Haag haben mit Kameras ausgerüstete Jagdmaschinen Aufklärungsflüge über Arnheim durchgeführt, ihre Aufnahmen lassen deutlich Panzer erkennen. Als Urquhart General Browning diese Bilder zeigt, meint er, auf die Panzer deutend: »Ich an Ihrer Stelle würde mir darüber nicht den Kopf zerbrechen, die Dinger liegen doch wahrscheinlich fest!«

Das deutsche Oberkommando ist sich der Bedrohung durch eine überraschende alliierte Groß-Luftlande-Operation durchaus bewußt. Bereits 1943 gibt der Oberbefehlshaber der Luftwaffe (OKL) vorsorglich geheime Richtlinien zur Bekämpfung west-alliierter Luftlande-Unternehmen heraus.

*Die Luftaufklärungsfotos, 10. 9. 1944*

Oben links *Die Fähre von Driel nach Heveadorp*
Oben rechts *Das Hauptziel: die Arnheimer Brücke*
Unten rechts *Die Eisenbahnbrücke*

Merkblatt über die Abwehr von Fallschirm- und Luftlande-(LL)Truppen

I. Kampfführung

1. Die Angriffstaktik der Fallschirm- und LL-Truppen ist durch den Angriff aus der Luft vielseitiger als die Taktik der lediglich auf der Erde kämpfenden Truppe. Insbesondere kann das Moment der Überraschung in stärkstem Maße angewandt werden, verbunden mit vielen Mitteln der Täuschung und List. Der Verteidiger kann dann immer wieder überrascht und vor völlig unerwartete Lagen und Aufgaben gestellt werden.

2. Demzufolge muß der Verteidiger ein möglichst hohes Maß an Phantasie für die verschiedenen Möglichkeiten von Fallschirm- und LL-Angriffen aufbringen und danach seine Abwehrmaßnahmen einrichten. Entscheidend ist, daß die abwehrende Truppe für den Fall der Überraschung zu absoluter Krisenfestigkeit erzogen ist und schnell und entschlossen handelt.

Die durchschlagenden Erfolge der deutschen Fallschirmtruppe sind trotz erheblicher zahlenmäßiger Überlegenheit des Feindes dadurch erzielt worden, daß der Gegner vor Überraschung wie gelähmt war.

3. In der Hauptsache ist mit zwei Angriffsverfahren zu rechnen:

a) dem abgekürzten Verfahren (Handstreich) mit Absetzen unmittelbar am Ziel und überfallartigem Angriff,

b) dem planmäßigen Verfahren mit Absetzen außerhalb des Bereichs der feindlichen Waffenwirkung, anschließend Versammlung, Heranführen und planmäßiger Angriff.

Der Gegner wird mit Fallschirmtruppen Handstreiche versuchen, um wichtige Objekte schnell in die Hand zu bekommen und zu zerstören oder um Verwirrung zu stiften (derartige Unternehmen liegen besonders dem Eng-

länder sehr). Das Absetzen kleinerer Fallschirmabteilungen mit besonderen Aufträgen kann eine gewisse Zeit – insbesondere bei Nacht – vor dem eigentlichen Hauptangriff stattfinden. Diese Abteilungen halten sich nach ihrer Landung verborgen oder arbeiten sich unbemerkt an ihr Ziel heran.

Die Anzeichen deuten darauf hin, daß die angelsächsischen Fallschirm- und LL-Truppen im wesentlichen den planmäßigen Angriff bevorzugen. Dieses Verfahren ist für den Verteidiger günstiger, da das Überraschungsmoment, der Hauptvorteil der Fallschirmtruppe, weniger zum Tragen kommt und der Verteidiger damit Zeit gewinnt.

4. LL-Unternehmen werden vielfach durch Bombenangriffe eingeleitet werden, nach denen unmittelbar die ersten Fallschirmjäger springen. Aus Gründen einer völligen Überraschung können derartige vorbereitende Bombenangriffe aber auch ausbleiben, bzw. können zum Zwecke der Ablenkung oder Täuschung Bombenangriffe gegen andere Ziele geflogen werden.

5. Die anglo-amerikanische Fallschirmtruppe verfügt über eine gute Nachtsprungausbildung und trainiert seit längerer Zeit für einen Nachteinsatz. Demzufolge ist bei Nacht besondere Wachsamkeit erforderlich.

6. Gut ausgebildete Fallschirmjäger können nach der Landung innerhalb weniger Sekunden kampfbereit sein.

II. Gelände

7. Die Fallschirmtruppe kann heute fast in jedem Gelände springen. Landungen auf steinigem oder felsigem Boden (Narwik), in Buschwerk, Schonungen und Obstbaumplantagen (Kreta), in Gelände mit Gräben (Holland) sind durchaus möglich. Unmöglich sind Landungen in Gelände mit Hochspannungsleitungen, starker Besiedlung, Schluchten, Steilhängen, Hochwäldern.

Größere Fallschirmunternehmungen benötigen selbstverständlich möglichst freie Räume. Große Teile der Bretagne sind mit ihren vielen hohen Einzelbäumen und Knicks z. B. für das Absetzen größerer Abteilungen ungeeignet. Kleine Einheiten können jedoch hier springen.

8. Lastensegler sind vom Gelände abhängiger als Fallschirmjäger, können aber auch auf kleinen Flächen landen.

9. Ein unbedingt fallschirm- bzw. lastenseglersicheres Gelände gibt es kaum. Infolgedessen sind zu unterscheiden und festzulegen:

a) besondere fallschirm- bzw. lastenseglergefährdete Räume (geeignet für Absetzen größerer Fallschirm- bzw. Lastensegler-Abteilungen)

b) Räume, die darüber hinaus auch für Landungen von Transportflugzeugen geeignet sind (Landeplätze).

10. Der erforderliche Absprungraum beträgt für ein Fallschirm-Bataillon 800 x 300 m.

11. Das Landen und Ausladen eines LL-Bataillons aus Transportflugzeugen auf einem mittelgroßen Flugplatz kann ohne Feindeinwirkung mit 45 Minuten angesetzt werden. Artillerie usw. erfordert längere Zeit.

Die anglo-amerikanische Fallschirm- und Luftlandetruppe verfügt über eine große Anzahl vorwiegend amerikanischer Transportflugzeuge. Beim Einsatz anglo-amerikanischer Verbände muß mit neuzeitlichen Mustern gerechnet werden, die bis zu 40 und 60 Mann mit voller Ausrüstung befördern.

III. Lastensegler

12. Lastensegler sind nicht an Flugplätze gebunden; sie können in jedem freien Gelände landen.

Kleinere Lastensegler können auch Sturzflüge ausführen und somit durch das feindliche Abwehrfeuer schnell hindurchstürzen. Sie gleiten damit auch über hohe Landehindernisse steil hinab. Die Lastensegler sind mit MG bewaffnet und in der Lage, feindliches Abwehrfeuer mit eigenen Mitteln niederzuhalten. Lastensegler können auch bei Nacht eingesetzt werden, jedoch nur in hellen Nächten (mehrere Nächte vor und nach Vollmond). Allerdings sind dann nur Raumlandungen, nicht Ziellandungen möglich.

13. Lastensegler sind beim Gegner bereits in großem Umfang vorhanden und werden laufend vermehrt. Englische Muster sind:

Horsa mit 2 Führern und 28 Mann oder 3 t Nutzlast,

Hamilcar mit 50 bis 60 Mann oder 6 t Nutzlast,

Hengist (?), möglicherweise kleiner als das Muster Hamilkar.

Amerikanische Muster sind:

Waco C-G-3 mit 9 Mann,

Waco C-G-4 mit 15 Mann oder einem Leicht-Kfz mit Besatzung.

14. Englische Lastensegler können nach Tragfähigkeit und beobachtetem Übungseinsatz dazu benutzt werden, neben Truppen auch schwere Waffen und schweres Gerät auf das Gefechtsfeld nachzuführen.

Einzelüberfälle mit Lastensegler (Einsatz von zwei Horsa bei Drontheim) sind ebenfalls möglich.

IV. Die englische Fallschirmtruppe

15. Jeder englische Fallschirmjäger muß vorher zwei Jahre beim Heer als Infanterist, Artillerist oder Pionier gewesen sein. Jede Kompanie usw. hat einen Führer und vier Offiziere.

16. Die englische Fallschirmtruppe betreibt sehr viel Sprungtraining, besitzt große Sprungerfahrung und ist in der Lage, aus Höhen von nur 60 m abzuspringen. Sie kann mit Waffen springen.

17. Die Fallschirmtruppe ist mit Gewehren, MP, MG (jedoch nicht sMG), Pz-B., leichte und schwere Gr.-W. ausgestattet. Die Ausrüstung mit schweren Waffen ist gering.

18. Die LL-Truppen sind darüber hinaus ausgerüstet mit Flammenwerfer, sMG, Pak, leichter Flak und zerlegbaren 7,5-Geschützen. Außerdem können gepanzerte MG-Träger und kleine Panzerspähwagen mitgeführt werden.

V. Die amerikanische Fallschirmtruppe

19. Die amerikanischen Fallschirmjäger setzen sich wie die englischen ausschließlich aus Freiwilligen zusammen. Strenge Auswahl nach körperlicher und geistiger Eignung und harte Ausbildung machen sie zur Elitetruppe.

20. Amerikanische Fallschirmjäger-Brigaden sind stärker bewaffnet als englische Verbände. Sie verfügen über Pistolen, halbautomatische Garand-Gewehre, lMG, leichte und schwere Granatwerfer sowie über sMG und Fallschirm-Artillerie, möglicherweise 7,5 cm zerlegbare Gebirgshaubitze.

21. Die amerikanischen Luftlandetruppen sollen außerdem mit 2-cm- und 3,7-cm-Pak/Flak sowie mit 10,5-cm-Haubitzen ausgerüstet sein.

VI. Abwehrmaßnahmen

22. a) Sperren von Landeplätzen und von besonders fallschirm- bzw. lastenseglergefährdeten Räumen.

b) Bau von Sperren vor und um Verteidigungsanlagen (auch Ortsausgänge).

c) Zwei Mittel sind gegen Fallschirm- und LL-Truppen besonders wirksam: Minen und Draht. Minenfelder sind die gefürchtetsten stillen Gegner der Fallschirm- und LL-Truppen. Räume, in denen der Feind irgend mit Verminung rechnet, werden gemieden und weit ausgespart.

Daher möglichst viel Gebrauch von Minen machen! (S-Minen).

Auch weitmaschige Minenfelder oder Schein-Minenanlagen – die aber in jeder Hinsicht als Minenfelder zu behandeln sind – wirken abstoßend. Auch sonst ist gerade gegen mögliche LL-Angriffe möglichst viel mit Scheinanlagen aller Art zu arbeiten. Auch der Verteidiger muß jede Art von List anwenden und seinerseits bestrebt sein, den Angreifer zu überlisten.

d) Weitere Mittel zum Sperren sind Pfähle, Gräben, hohe Erd-, Stein- und Dunghaufen, Holz- und Bretterstapel, zusammengefahrene Wagen ohne Räder usw.

23. Verteidigungsanlagen müssen stets rundum verteidigt werden können.

Besondere Angriffsobjekte sind auch Batterien, daher auch dort Rundumverteidigung, genügende Ausstattung mit MG usw.

Kraftfahrzeuge stellen eine besonders wertvolle Beute für Fallschirm- und LL-Truppen dar. Daher keine Kfz-Ansammlungen in ungenügend gesicherten Räumen oder hierfür besondere Sicherungen abstellen.

24. Die Aufstellung von Beobachtungsposten auf erhöhten Punkten (Kirchtürme usw.) ist besonders wichtig und gerade in dünn besetzten Gebieten unbedingt erforderlich, um das Absetzen von Fallschirmjägern überhaupt erkennen, melden und dadurch so früh als möglich bekämpfen zu können.

25. Nachrichtenverbindungen

Bei einem LL-Angriff sind freiliegende Fernsprechleitungen der Zerstörung durch Fallschirmjäger oder Bombenangriffe besonders ausgesetzt. Daher sind in allen zu sichernden Anlagen, Unterkünften usw. besondere Alarmvorrichtungen zu schaffen. Dem gesamten Meldewesen kommt bei den vielen ungeklärten Lagen, die durch Angriffe von Fallschirm- und LL-Truppen eintreten können, eine große Bedeutung zu.

26. Bereitstellung von beweglichen Reserven

Grundsätzlich sind auch bei kleinsten Einheiten bewegliche Reserven auf Lkw bereitzustellen (Jagdkommandos).

Die Fahrzeuge sind mit MG, Pak oder 2-cm-Flak auf behelfsmäßiger Lafettierung auszustatten, so daß vom Wagen aus geschossen werden kann.

MP, Handgranaten, möglichst auch Handscheinwerfer bereithalten.

Örtlich den Einsatz von Flakkampftrupps vorsehen, wo die Möglichkeit dazu besteht.

Die gefährlichsten Gegner für Fallschirm- und LL-Truppen sind Panzer und Panzerspähwagen.

27. Art der Verteidigungsführung

Die Verteidigung muß angriffsweise geführt werden. Deshalb Kräfte nicht zersplittern, sondern möglichst starke Stoßreserven bereithalten. Liefern Beobachtungsposten und Spähtrupps keine genauen Meldungen, dann entschlossen die nach der taktischen Beurteilung gefährlichste feindliche Kräftegruppe angreifen, um die ersten Fallschirmtruppen noch im Sammeln fassen und niederkämpfen zu können. Auch weit unterlegene Kräfte haben in diesem Zeitpunkt Aussicht auf Erfolg. Zu langes Warten und Nichtstun sind Fehler, da jede Minute der Zusammenfassung der gelandeten Fallschirmjäger und der Festigung ihrer Kampfkraft dienlich ist. Beim Einsatz der Reserven ist jedoch zunächst ein gewisses Haushalten geboten. Wichtige Objekte müssen auch während eigener Angriffshandlungen hinreichend besetzt bleiben. Es kommt besonders darauf an, die Absicht des Feindes richtig zu erkennen und nicht auf Täuschungsmanöver hereinzufallen (Ablenkungsangriffe – Abwerfen von Täuschungspuppen usw.)

28. Feuereröffnung

Die Treffwahrscheinlichkeit auf die springenden (pendelnden) Fallschirmjäger ist äußerst gering; nur das Feuer auf nahe und nächste Entfernung ist daher erfolgversprechend.

Es ist aber von vernichtender Wirkung, beim Landen der Fallschirmjäger, beim Freimachen vom Schirm und beim Sammeln (größtes Schwächemoment). Sollte die Landestelle nicht einzusehen sein, so kann schon ein Schießen auf weitere Entfernung auf Fallschirmjäger in der Luft in Frage kommen (besonders Streufeuer mit MG).

Oben *Ein Krad mit Seitenwagen in der Horsa Mk II*
Vorhergehende Seite *Ein Jeep wird in die Horsa Mk II verladen*

An- und abfliegende Transportflugzeuge sind, soweit sie im Schußbereich auftreten, zu beschießen. Beim Absetzen der Fallschirmjäger fliegen sie langsam und bilden leicht zu treffende Ziele.

29. Schlußbemerkung
Wir haben uns darauf einzustellen, daß die Entwicklung von Fallschirm- und LL-Truppen und Unternehmen seitens der Anglo-Amerikaner in großem Ausmaße und mit der bestimmten Absicht weitergetrieben wird, unter Umständen auch durch Masseneinsatz weit hinter den verteidigten Küsten und Fronten operative Entscheidungen zu suchen.

Alle hiergegen möglichen Maßnahmen müssen immer wieder überprüft und auf dem laufenden gehalten werden!
(Aus: Merkblatt geh. 10/22, Ausgabe Juli 1943)

Die Dienstvorschriften für Lastensegler-Piloten, herausgegeben von der Royal Air Force (RAF), bieten einen Blick hinter die Kulissen der Operation ›Market-Garden‹ mit ihren vielfältigen Problemen:
Pilot's Notes for Horsa I Glider
Der Lastensegler Horsa I ist ein Schulterdecker, konstruiert für den Transport von 25 – 29 Soldaten mit Ausrüstung oder von Kriegsgerät. Sein Fahrgestell läßt sich abwerfen, eine Landekufe schützt den Rumpf bei der Bauchlandung. Im Hauptrumpfteil sind Bänke für die Truppen eingebaut. Acht mit Fallschirmen versehene Container für Ausrüstung sind unter den Tragflächen angebracht.

Die Kanzel, in der zwei Piloten nebeneinander sitzen, befindet sich im vorderen Rumpfteil. Die Backbordseite enthält hinter der Kanzel eine Ladeklappe mit einer Einstiegsleiter, im Hauptrumpfteil verstaut. Diese zweiteilige Ladeluke läßt sich als Rampe für Ladezwecke nach unten abklappen, für an Bord gehende Truppen enthält sie außerdem eine Schiebetür, die zugleich als Notausgang dient. Außer dieser Schiebetür kann eine zweite an der Steuerbordkanzel benutzt werden. Im Heck sind zwei als MG-Stände gedachte Luken angebracht, die ebenfalls als Notausgänge dienen, wenn die Haupttüren klemmen.

Vom Hauptrumpfteil aus erreicht man die Kanzel durch eine Tür im Schott, das diesen nach vorne abschließt. Die Sitze der Piloten sind mit Sicherheitsgurten ausgerüstet, die Plexiglasverkleidung der Kanzel bietet freie Sicht. Unter dem linken Pilotensitz befindet sich ein Fallschirm mit Leuchtmunition. Funkeinrichtung: Typ T.R.9D. Ihre Bedienungsarmatur ist links vom rechten Pilotensitz installiert. Das T.R.9D-Gerät dient zugleich als Sprechfunk zwischen dem Lastensegler- und dem Schleppflugzeugpiloten. Der Pilot der Schleppmaschine ist gleichzeitig der Gespannführer.

Achtung beim Eintritt in die Kanzel: Überprüfen Sie die Ausklinkautomatik und achten Sie darauf, daß der Auslösehebel ganz nach vorn steht. Kontrollieren Sie, ob sich der Abwurfhebel für das Fahrgestell in der richtigen Stellung befindet. (Bei manchen Lastenseglern ist das Fahrgestell nicht abwerfbar.) Sind Bremsfallschirme angebracht, muß der AN-AUS-Schalter auf AUS stehen.

Startklarmachen des Gleiters: Vor dem Einstieg hat sich der Pilot von der richtigen Gewichtsverteilung anhand des Ladeplans für den betreffenden Verwendungszweck zu überzeugen. Schwere Ladungen dürfen auf keinen Fall befördert werden, ohne daß vorher die Lage des Schwerpunktes mit Hilfe der Beladungstabellen errechnet wird. Lastensegler dürfen nicht ohne einen zweiten Piloten oder entsprechendes Ballastmaterial geflogen werden.

Vorbereitungen vor dem Betreten des Cockpits: Achten Sie darauf, daß alle Soldaten in ihren Sitzen angeschnallt sind und daß die Ladung fest verzurrt ist. Achten Sie ferner darauf, daß der Lastensegler sich genau in gleicher Richtung hinter dem Schlepper befindet. Falls Bremsfallschirme vorhanden sind, überprüfen Sie die Sicherung der dafür vorgesehenen Klappe, die auch als hinterer MG-Stand dient. Stellen Sie fest, ob die automatische Reißleine des Bremsfallschirms oben auf dem Behälter eingehakt ist. Kontrollieren Sie den Sprechfunk mit dem Schlepper.

Vor dem Start: Gehen Sie folgende Checkliste durch: Klappen = Oben, Trimmlage = Neutral, Höhenmesser = Null, Bremsen = Los. Sind Sie startklar, weisen Sie den Piloten des Schleppflugzeugs über Sprechfunk an, das Schleppseil (300 yards) zu spannen und erst dann zu starten, wenn der Lastensegler bereits anrollt.

Start: Halten Sie sich unmittelbar hinter dem Schlepper, heben Sie vorsichtig ab und bleiben Sie in Bodennähe, bis der Schlepper ebenfalls abgehoben hat. Erst wenn der Schlepper hoch genug über der Startbahn ist, steigen Sie langsam, um die erforderliche Schlepphöhe einzunehmen.

Notfälle: Obwohl der Pilot des Schleppers der Führer des Gespanns ist, kann der Lastensegler-Pilot in Notfällen auf eigene Verantwortung ausklinken und alle weiteren Maßnahmen selbst ergreifen. Er sollte den Piloten des Schleppers jedoch möglichst hiervon in Kenntnis setzen. Auf keinen Fall darf er versuchen, zurück zum eigenen Stützpunkt zu fliegen, um den Flugbetrieb nicht zu gefährden.

Beste Lage beim Schleppflug: Um die maximale Steighöhe zu erreichen, muß der Gleiter bei gerader Fluglage unbedingt die korrekte Position hinter dem Schlepper beibehalten. Bei hoher Schlepplage empfiehlt es sich, direkt hinter dem Schlepper und eine halbe Tragflächen-Spann-

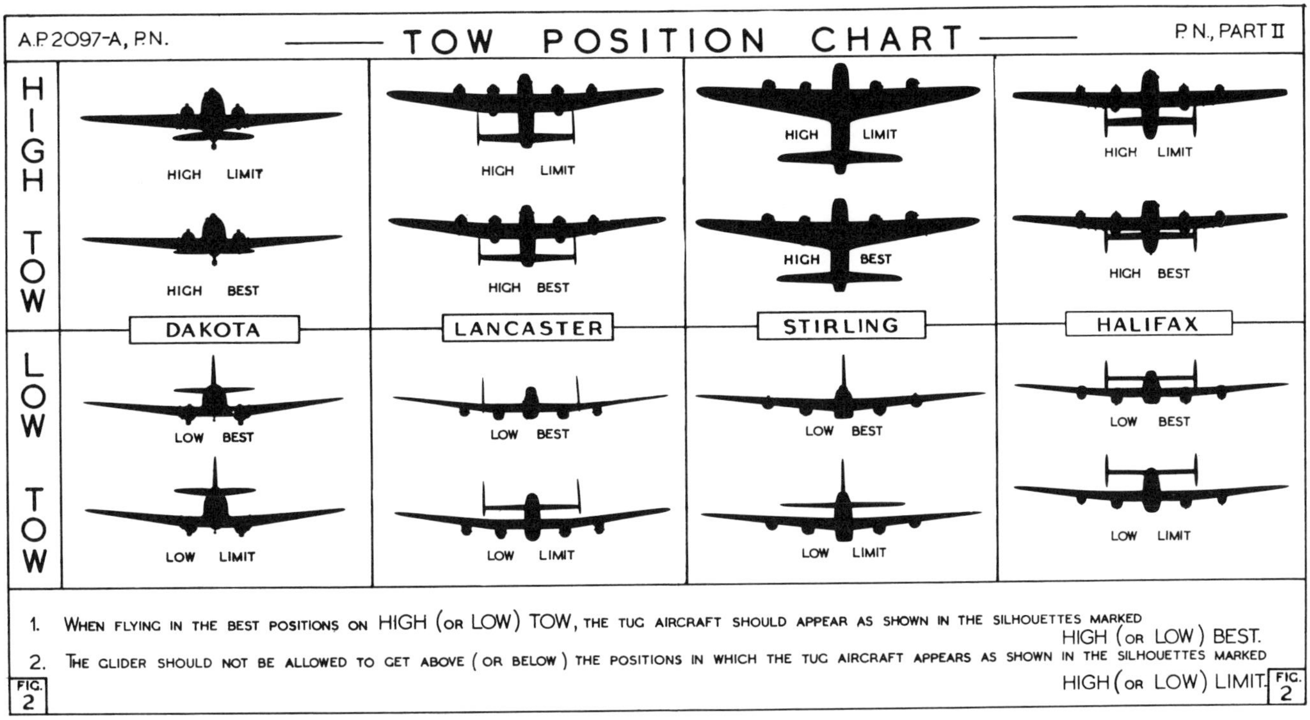

Oben *Anweisung der Alliierten für die beste Lage der verschiedenen Flugzeugtypen beim Schleppflug*
Rechts *Unter dem Rumpf einer Dakota wird ein Container befestigt*

weite über diesem zu bleiben, denn es genügt nicht, sich nur knapp über dem Propellerstrahl zu halten. Bei niedriger Schlepplage wiederum bleibt man direkt hinter dem Schlepper und eine halbe Tragflächen-Spannweite unter ihm. Die Abbildungen zeigen die Silhouetten der verschiedenen Schleppmaschinen-Typen, vom Lastensegler aus gesehen, wenn dieser in der ›Best‹- oder ›Limit‹-Stellung fliegt (bei hohem wie bei niedrigem Schleppflug). Diese Fluglagen sind vor allem vom Gewicht des Gleiters und der Marschgeschwindigkeit abhängig. Die maximal zulässige Geschwindigkeit während des Schleppfluges beträgt 160 Meilen pro Stunde. Da beim Geradeausflug das Schleppseil meistens durchhängt, sollte die Steuersäule etwas Spielraum haben, damit ein Ruck vermieden wird, wenn der Schlepper das Seil wieder spannt. In Kurven halten Sie den Kurs unmittelbar hinter oder neben dem Schlepper.

Achtung: Gerät das Gespann in eine Wolkenwand, sollte der Pilot des Lastenseglers wegen der Gefahr einer Kollision mit der Schleppmaschine, falls er keine Blindfluganlage an Bord hat, unverzüglich ausklinken und einen geeigneten Landeplatz suchen, ganz gleich wo er sich gerade befindet. Kommt es dabei zu einer Notwasserung, sollte man zuerst das Fahrgestell abwerfen und sofort nach dem Aufsetzen die obere Kanzelluke, falls vorhanden, öffnen, andernfalls die Spanten im oberen Kanzelteil mit Werkzeugen herausbrechen. Sind Truppen an Bord, müssen sie die Verblendung des oberen MG-Standes und möglichst weitere Ausstiege herausreißen. Beim Aufprall wird der untere Teil der Kanzel mit Bestimmtheit eingedrückt werden und der Rumpf sich schnell bis zu den Tragflächen mit Wasser füllen; danach halten die Tragflächen den Lastensegler jedoch eine Zeitlang über Wasser.

Anflug und Landung: Bei Gegenwind-Anflug kann man die Landeklappen bis zur Hälfte ausfahren, um so die Höhe zu regulieren. Fliegen Sie den letzten Kreis vor der Landung mit halb ausgefahrenen Klappen. Sind Sie überzeugt, die Landezone auch erreichen zu können, fahren Sie die Klappen ganz aus. Der Gleitflug mit voll ausgefahrenen Klappen sollte möglichst steil sein. Besonders bei starkem Wind ist allzu schneller Höhenverlust zu vermei-

Oben *Warten auf das Startzeichen: Dakotas mit Lastenseglern*
Unten *Ein englischer Fallschirmjäger mit einem Teil der Ausrüstung*

den. Tritt dieser Fall ein, kann man die Klappen wieder auf ›halb‹ setzen, muß jedoch beachten, daß diese Wirkung nur verzögert eintritt. Die empfohlene Geschwindigkeit für einen geraden Anflug beträgt bei normaler Beladung mit voll ausgefahrenen Klappen 60, bei Überladung 75 bis 80 Meilen pro Stunde. Fangen Sie den Gleiter vor dem Aufsetzen ab und landen Sie zunächst in leicht hecklastiger Haltung auf den beiden Rädern, legen Sie den Lastensegler dann leicht auf das Bugrad und bremsen Sie erst, wenn alle drei Räder Bodenberührung haben. Nach der Landung fahren Sie die Klappen ganz ein. Sofort anschließend muß die Ausladung von Truppen oder Kriegsgerät erfolgen. Die Piloten haben dafür zu sorgen, daß das Heck des Gleiters vom Rumpf abgetrennt und das mitgeführte Kriegsgerät schnellstens ausgeladen wird. Dann, falls nicht anders vorgesehen, werden die Piloten im Rahmen des Glider-Pilot-Regiments als Infanterie eingesetzt.

# Der erste Tag

## *17. September 1944*

### Die Alliierten berichten

Der Lastensegler-Pilot Sergeant W. D. Gleen:

»Der Towmaster schwenkte seine grüne Fahne. Die Schleppmaschine, die nagelneue Dakota, rollte an: Durch ihren Propellerstrahl wurden Steine gegen unsere Windschutzscheibe geschleudert. Das Seil, das vor uns auf der Startbahn lag, begann zu zucken, es spannte sich allmählich, und wir hörten, wie unser Bugrad knarrte und dröhnte, als wir immer mehr Geschwindigkeit aufnahmen. Wir hatten das Glück, zu den ersten Gespannen zu gehören, die am Sonntag, dem 17., mit der ersten Welle starten sollten. Ich war zweiter Pilot.

Im Rumpf unserer Horsa waren ein 6-Pfünder-Geschütz und ein Jeep verstaut. Auf den hinteren Sitzen hockten zwei Männer, der Fahrer und der Richtkanonier. Die Dakota gewann langsam an Höhe.

Erst bei 2000 Fuß hatten wir den dünnen Bodennebel unter uns, und ich konnte in der Ferne die ganze Armada der Schleppflugzeuge und Lastensegler erkennen. Die letzten von ihnen waren so klein wie Mücken. Es war harte Knochenarbeit, einen Lastensegler im Propellerstrahl anderer Flugzeuge zu fliegen, aber unser Schlepp-Pilot wich den vielen anderen Gespannen, die ebenfalls in Richtung Holland zogen, sehr geschickt aus. Er mußte dazu wohl außerhalb der Formation und in völlig falscher Höhe fliegen. Wir waren ihm dafür dankbar und drückten ihm die Daumen.

Im Cockpit fühlten wir uns geborgen, und nur die Wolkenfetzen, die an unserem Fenster vorbeihuschten, deuteten unsere Geschwindigkeit an. Das Studium der Karten war keine große Hilfe für uns, als wir über dem Meer flogen und uns Holland näherten, weil die Deutschen alle großen Inseln im Rhein-Delta überflutet hatten.

Langsam tauchte trockenes Land unter uns auf, und ich dachte, daß es an der Zeit wäre, unsere Position zu überprüfen. ›Hallo, Schleppflugzeug ... Wie viele Minuten dauert es noch, bis wir unser Landegebiet erreichen? Over.‹ ›Hallo, Schleppflugzeug hier ... Noch 15 Minuten, und dann gehört alles euch ... Könnt ihr eure Position bestimmen? ... Over.‹ ›Danke, Schleppflugzeug ... Ich würde sagen, daß wir gerade den ersten der drei Mündungsflüsse des Rhein-Deltas überqueren ... Bitte bestätigen ... Over.‹ ›Ihr liegt genau richtig ... Es sind jetzt nur noch zwei Flußüberquerungen, bis ihr euer Landegebiet sehen müßtet ...‹«

Von dem Augenblick an bis zu unserer Landung mußte ich unsere Position ständig im Auge behalten. Ab und zu feuerte von unten die Flak, das beeindruckte uns aber nicht sehr. An unserer Backbordseite lag die Maasmündung, ein Netz von blauen Kanälen. In dieser Höhe wurde die Luft kälter, und ich bat den 1. Piloten um etwas heißen Tee aus der Thermosflasche. Es war eine der wenigen Annehmlichkeiten des Fluges, sich bequem in seinem Sitz zurückzulehnen und aus der Tasse zu schlürfen, während man den Kameraden am Steuer schwitzen sah.

In 20 Minuten erreichten wir unseren ersten Wendepunkt bei Hertogenbosch. Tief über dem Land schwebten Nebelschwaden. Als ein paar Flakgeschosse unweit unseres Schleppflugzeuges explodierten, drehte der Pilot nach Steuerbord ab und zog uns mitten durch dichte Kumuluswolken.

Bald konnte ich den Niederrhein erkennen, und einen Augenblick später sah ich unser Landegebiet: zwei kleine quadratische Waldstücke. Der Landeplatz lag dort, wo die Waldstücke aneinanderstießen. Es sah genauso aus wie auf den Luftaufnahmen, die man uns vor dem Start zeigte. Ich hätte nie gedacht, daß sie sich so ähnlich sein könnten. Jetzt kam der Augenblick, das Seil auszuklinken.

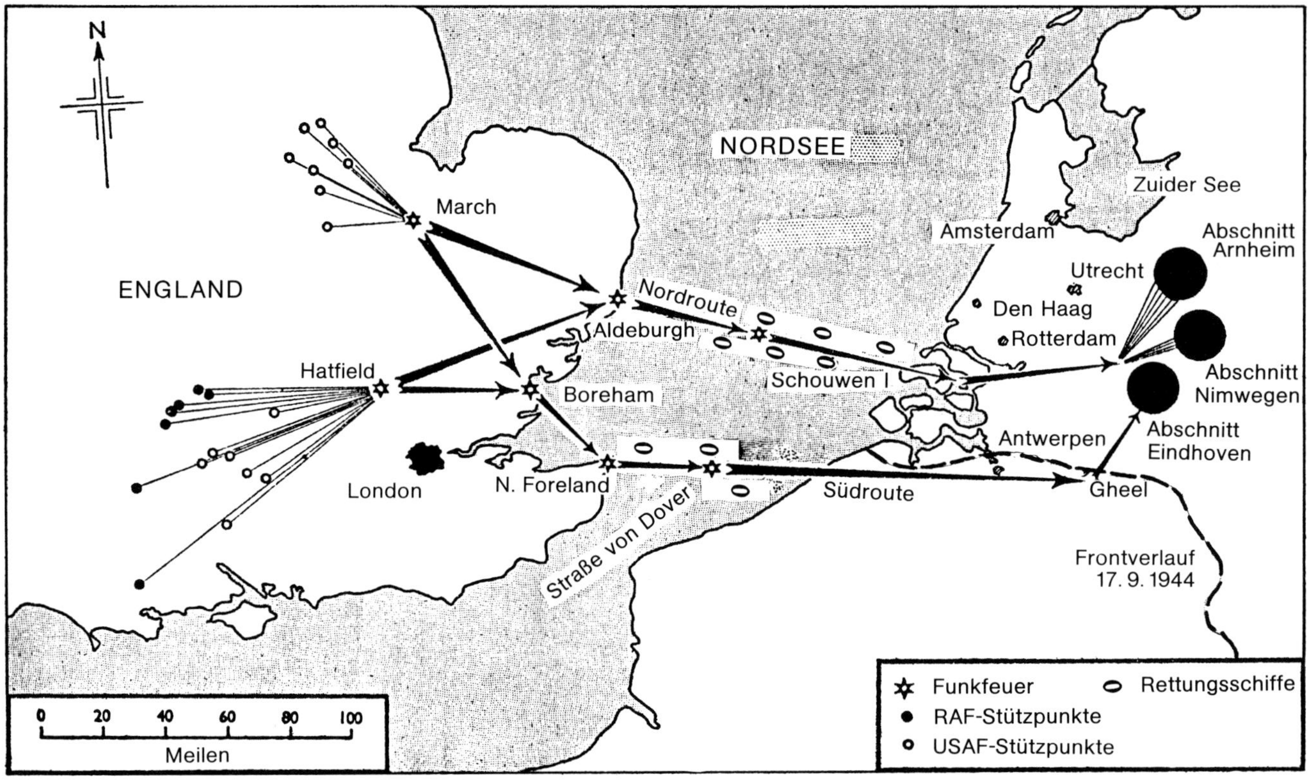


Ich zog den Auslösehebel, und das Seil flog an uns vorbei. Das Getöse des Windes draußen erstarb zu einem leichten Zischen. Der Himmel um uns herum war voll von schwebenden Lastenseglern. Wir waren noch zu hoch, und ich drückte den Klappenhebel auf ›halb‹. Die Horsa kippte nach vorn wie ein Schlitten an einem steilen Hügel.

Unsere Dakota drehte nach rechts ab. Nachdem wir die Schleppgeschwindigkeit endlich verloren hatten, erstarb jedes Geräusch, und es wurde unglaublich friedlich in unserer Kanzel. Wir verloren jetzt langsam an Höhe, und während wir den Fluß überflogen, konnten wir in der Ferne die Umrisse der Brücke von Arnheim erkennen, die das Ziel unserer Operation war.

Wir drehten nach Steuerbord ab, hatten unsere Landeklappen halb ausgefahren, und der Flugwinkel wurde nun steiler. Ich drückte den Klappenhebel auf ›voll ausgefahren‹. Wir sanken wie in einem Fahrstuhl nach unten. Wir schwebten über eine Hecke und setzten hart auf dem Boden auf. Die Horsa hüpfte einige Male. Vollbremsung und eine leichte Wendung nach Backbord. Wir blieben einen Moment still sitzen, als das Knattern entfernter MG uns ins Bewußtsein brachte, wo wir waren.

Wir zwängten uns aus der Kanzel nach hinten und kletterten ins Heck. Es mußte abgetrennt werden, bevor man den Jeep und den Anhänger hinausbugsieren konnte. Der 1. Pilot und ich drehten innen die starken Flügelmuttern los, es waren acht, und man sollte sie gleichzeitig lockern. Inzwischen lösten drei von der Luftlande-Truppe die Ketten, mit denen die Fahrzeuge festgemacht waren. Wir schwitzten wie die Bären.

Jetzt hieß es, sich beeilen, da die Schießerei immer näher kam. Die Ketten waren endlich gelöst, und die Flügelmuttern eine nach der anderen abgeschraubt. Ich rief den Jungen draußen zu, daß sie die beiden Gleitschienen, die uns als Ausladerampe dienten, heranschaffen sollten.

Nun noch die beiden letzten Schrauben, und wir waren fertig. Doch der Schwanz saß immer noch fest. Wir schlugen von innen dagegen, er rührte sich nicht. Ich sprang nach draußen, um nachzusehen und stellte fest, daß der dumme Kerl die Schienen genau unter das Heck geschoben hatte. Ich trat dagegen, der ganze Heckrumpf fiel endlich ab, stürzte auf die Gleitschienen und versperrte so natürlich den Fahrzeugen den Weg. Wir stemmten uns unter das Heck und schoben es mühsam zur Seite. Aber die beiden Schienen blieben im Boden stecken. Doch nun hatten wir es geschafft: Der Fahrer setzte sich ans Steuer und fuhr den Jeep samt Anhänger hinaus.

Das Ganze hatte nur knapp 20 Minuten gedauert, eine recht gute Leistung, denn als wir uns umblickten, sahen wir überall noch Männer, die fluchend schufteten, um die Hecks von ihren Lastenseglern loszubekommen. Einige benutzten sogar Sägen und Äxte.

Es herrschte eine heillose Verwirrung, jeder faltete seine Karte auf und fragte die anderen, ob sie etwas von ihren Einheiten gehört oder gesehen hätten. Um zu unserem Sammelpunkt zu gelangen, mußten wir auf einem schmalen, sandigen Weg durch niedriges Gestrüpp, quer durch die Felder und an einem Waldrand entlangtrotten. Überall sahen wir Segelflugzeuge auf den Feldern, einige hingen sogar in den Bäumen, eine Tragfläche war zwischen zwei

Oben *Eine Horsa Mk II beim Start: »Wir hatten das Glück, zu den ersten Gespannen zu gehören…«*

dicken Eichenästen eingekeilt, ein Leitwerk zeigte in den Himmel, und Trümmer des Gleiters lagen überall verstreut. Die Kugeln pfiffen uns um die Köpfe, ab und zu flog sogar eine Granate über uns hinweg und jeder duckte sich.

Allmählich begannen die Offiziere, uns zu einer Marschkolonne zu formieren. Mit zentnerschweren Rucksäcken bepackt, marschierten wir schimpfend ab. Wir waren wütend, daß wir unsere Jeeps zurücklassen mußten, und unter Führung eines Fallschirm-Brigade-Offiziers zogen wir unter schattigen Alleebäumen in langer Reihe in Richtung Arnheim. Der Beschuß wurde immer heftiger und unser Marschtempo immer langsamer. Wir bildeten das Ende einer langen Kolonne und waren für die langen Marschpausen, die sich manchmal bis zu zwei Stunden ausdehnten, recht dankbar. Es war sowieso unmöglich, mit den Luftlande-Truppen Schritt zu halten, weil diese nur wenig zu tragen hatten. So verging die halbe Nacht. Aus Richtung Arnheim hörten wir wachsenden Schlachtenlärm.

Schließlich erhielten wir Befehl umzukehren und mußten nun die Hälfte des geschafften Weges wieder zurück. Wir gruben uns entlang der Eisenbahnlinie ein und sicherten die Straße, auf der wir marschiert waren, um auf jeden Angriff, den wir bei Tagesanbruch erwarteten, vorbereitet zu sein.«

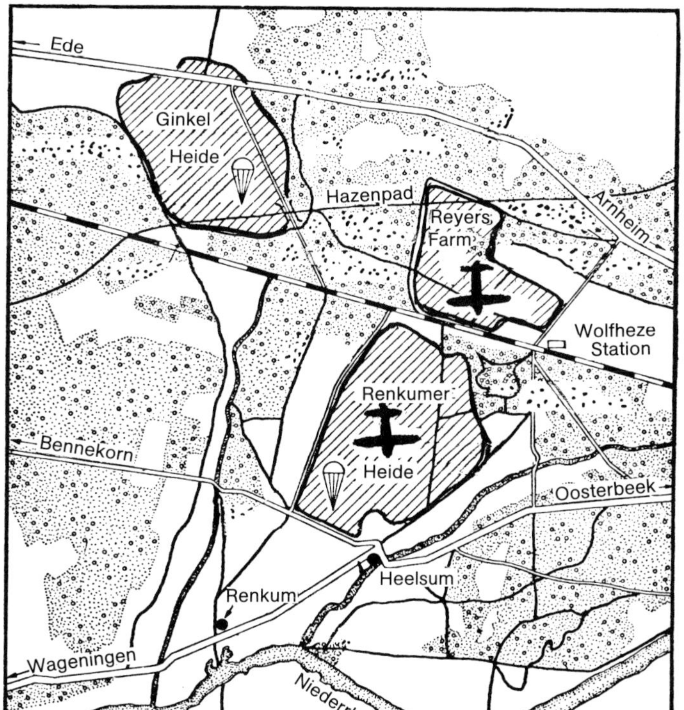


*Nachmittag, 17. September 1944, westlich Arnheim: Die drei Landezonen*

»Hallo, hallo, hier BBC, ihr Korrespondent Edward R. Murrow:

Wir befinden uns im Augenblick an Bord einer Dakota irgendwo über Holland. Es ist ein sonniger Sonntagnachmittag – dieser 17. September 1944.

Wir nähern uns gerade allmählich der Abwurfzone, und ich blicke in den Mannschaftsraum der Dakota. Der Sprungmeister ist auf Knien in die hinterste Ecke des Rumpfes gerutscht und unterhält sich über die Sprechanlage mit den Piloten. Die Fallschirmspringer haben die gelben Schwimmwesten zusammengefaltet, da sie sie bei diesem Einsatz mit Sicherheit nicht mehr brauchen werden. Sie drücken neugierig die Nasen ans Fenster, fast so, als wären sie Passagiere eines Verkehrsflugzeuges zu Friedenszeiten.

Das Land unter uns ist sehr flach; erst vor wenigen Minuten konnten wir einige dieser großen britischen Horsa-Lastensegler mit 30 Männern an Bord in der Luft bewundern, und das Gelände ist für diese riesigen Lastensegler wesentlich besser geeignet als das damals in der Normandie.

Plötzlich macht uns der Pilot auf die Kisten aufmerksam, die aus den vor uns fliegenden Maschinen herausfallen. An den gelben, braunen und roten Fallschirmen schweben sie Augenblicke später hinab. Jetzt kommen die Fallschirmspringer an die Reihe. Ich kann die Silhouetten der einzelnen Männer noch nicht genau erkennen – wir sind einfach zu weit entfernt – ja, jetzt kann ich sie endlich sehen, sie wirken wie kleine braune Puppen, die unter grünen Lampenschirmen hängen... Kurz bevor unsere Leute abspringen, geraten wir in das erste Flakfeuer. Es kommt aus dem kleinen Dorf dicht am Flußufer. Immer wieder sausen Leuchtspurgeschosse an uns vorbei. Die Fallschirmspringer stehen inzwischen Schlange an der Türluke und warten auf das Zeichen zum Absprung. Nun gehen wir auf die Absprunghöhe – das Flakfeuer reißt nicht ab –, die 9 Flugzeuge vor uns haben ihre lebende Last bereits abgeworfen. Jetzt sieht man sie in der Luft schweben.

In ca. 30 Sekunden werden auch unsere Männer abspringen – ich höre schon die Karabinerhaken der Reißleinen klicken. Jetzt beginnt der Sprungmeister zu zählen: drei – vier – fünf..., dann stürzen sie sich hinaus, und da ist auch schon der letzte abgesprungen. Man sieht, wie sich die Fallschirme einer nach dem anderen aufblähen und dann majestätisch zu Boden schweben. Unmittelbar neben einer kleinen Windmühle in der Nähe einer Kirche gehen sie nieder.

Wir drehen jetzt nach rechts ab. Bald sehen wir den blaugrauen Gefechtsqualm. Die grünen Felder sind mit Fallschirmen übersät. Ganze Schwärme von Flugzeugen und Gleitern kommen jetzt heran. Auf dem Rückflug schaue ich nach unten: Da befinden sich unsere Fallschirmjäger bereits auf dem Weg zum Dorf. In Reihen formiert marschieren sie auf ihr erstes Ziel zu.«

Der englische Fallschirmjäger M. G. Sprider war auch dabei:

»Der Dispatcher rief: ›Aufstehen, einhaken!‹ und überprüfte in aller Ruhe unsere Ausrüstung. Einer nach dem anderen machte seine Meldung. Endlich kam er zu mir.

Oben links *Blick aus der Piloten-Kanzel des Lastenseglers auf die holländische Küste*
Oben rechts *Dakotas mit US-Waco-Lastenseglern*
Unten rechts *US-Fallschirmjäger vor dem Start*

Ich war Nr. 13, was mich nicht gerade erfreute, schlimmer noch, ich sah mit meiner Ausrüstung dem heiligen Nikolaus ähnlich und konnte kaum einen Schritt tun. Die Munitionsgurte drückten mir fast den Hals ab, die Taschen waren angefüllt mit Handgranaten und Verpflegung, dazu noch eine Sten-Maschinenpistole, Regenmantel, Decke und Rucksack, der Reservefallschirm nicht mitgerechnet, und zu allem Überfluß noch ein Klapprad.

Die Jerrys schossen zwar nicht viel, aber sehr gezielt. Und plötzlich sah ich, wie die dicht neben uns fliegende C-47 mittschiffs getroffen wurde, sich aufbäumte und brennend zu Boden ging. Keiner war aus ihr abgesprungen.

Es schien eine Ewigkeit zu dauern, bis die rote Lampe aufflammte, was ›Bereitmachen zum Sprung‹ hieß. Inzwischen wurde das Flakfeuer noch heftiger. Jetzt leuchtete das grüne Licht auf; wir waren direkt über unserer Absprungzone. Einer nach dem anderen sprang hinaus, und ich drängte mich durch den Gang zum Ausstieg.

Ich war an der Reihe, als der vor mir Stehende, schon im Begriff rauszuspringen, tödlich getroffen in sich zusammensackte. Der Dispatcher schob den Leichnam zur Seite, und ich machte einen regelrechten Hechtsprung. Nach dem Dröhnen der Motoren, an das ich mich während des dreistündigen Fluges schon beinahe gewöhnt hatte, tauchte ich plötzlich in völlige Stille ein. Ein Ruck, und über mir wuchs die schneeweiße Halbkugel meines Fallschirms.

Die C-47 entfernte sich schnell, ständig Springer hinausschüttend. Ihre Fallschirme entfalteten sich normal. ... es war 14.01 Uhr. Um mich herum baumelten Unmengen von braunen, roten oder gelben Lastenfallschirmen.

Etwa einen Kilometer zu meiner Rechten sah ich die Dächer des Städtchens Heelsum, dahinter in der Ferne den Silberstreifen des Niederrheins, und gut zehn Kilometer vor mir lagen die schwarzen Umrisse von Arnheim. Plötzlich mahnten mich ein paar scharfe Pfiffe, daß dies kein Übungssprung war. Instinktiv drückte ich das Klapprad an mich und versuchte auszumachen, woher die Schüsse wohl kommen könnten. Höchstwahrscheinlich aus dem kleinen Wäldchen, das sich zu meiner Linken erstreckte. Das schrille Pfeifen hörte nicht auf. Plötzlich sah ich, wie einer, der etwa 25 Meter neben mir pendelte, zuckte und dann leblos den Kopf senkte. Auf seinem Rükken wuchs schnell ein dunkler Fleck, und das Blut rann ihm förmlich über die Sprungstiefel.

Der Boden kam näher; blitzschnell warf ich den Kleiderbeutel und das Klapprad ab, und einen Augenblick später machte ich auf dem sandigen Feld eine vorschriftsmäßige Rolle. Ich war gelandet.

Mit ein paar Griffen befreite ich mich von den Fallschirmgurten, entsicherte die Sten, schnappte mir das Klapprad und marschierte in Richtung Sammelstelle. Von weit her kam das Knattern der MG und einzelne MP-Salven. Die ganze Abwurfzone war mit grünlichen Gestalten übersät, die zu ihrem Treffpunkt zogen. Kurz darauf hatte ich hinter mir einige Männer, dann noch ein paar, und schon sammelte sich, wie aus dem Boden gewachsen, eine ganz schöne Schlange. Ich schaute auf die Uhr; es war genau 14.15 Uhr.«

Die BBC-Sondermeldung vom späten Sonntagnachmittag des 27. September 1944:

»Ein höherer Offizier der Air Force, der eine der Luftlande-Einheiten befiehlt, schickte uns diese optimistisch klingende Meldung: ›Wir erleben gerade das größte Luftlande-Unternehmen. Es ist sogar noch wichtiger als das am D-Day selbst und entscheidend für den Ausgang der gesamten Operation. Erfolg oder Niederlage bedeuten entweder eine schnelle Entscheidung im Westen oder aber einen langen Winterkrieg. Die Armee ist davon überzeugt, daß wir die Luftlande-Truppen in der nötigen Stärke im richtigen Augenblick und an der richtigen Stelle eingesetzt haben.«

Am Montag, dem 18. September 1944, berichtet das Alliierte Headquarters (H. Q.) von den Ereignissen des Vortages:

»Luftlandungen in Holland. – Mehrere Städte besetzt. – Operation läuft wie ein Uhrwerk ab. – Gleichzeitiger Vormarsch der 2. Armee.

Starke Streitkräfte der 1. alliierten Luftlande-Armee landeten gestern nachmittag in Holland, und die Piloten, die an der Operation von gestern Abend teilgenommen hatten, berichteten, daß die Operation ›wie ein Uhrwerk ablief‹. In einer Meldung wird gesagt, der Feind sei aus mehreren holländischen Orten zurückgeschlagen worden.

Dies war die größte Luftlande-Operation, die je gestartet wurde; mehr als 1000 Flugzeuge nahmen daran teil. RAF und amerikanische Bomber bereiteten das Unternehmen bei Tag und bei Nacht durch massive Bombenattacken auf Flugplätze, Geschützstellungen und Kasernen vor.

Letzte Nacht wurde gemeldet, daß die Vorhut der britischen 2. Armee von ihrem Brückenkopf in Beeringen aus zwei Meilen tief in holländisches Gebiet vorgestoßen sei.« (The Times, London, 18. 9. 1944)

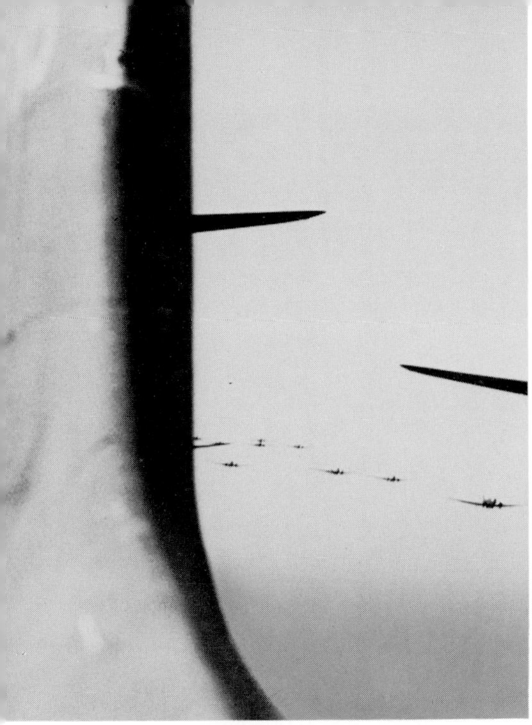

Oben links *Im Anflug*
Oben rechts *»Der Dispatcher rief: ›Aufstehen, einhaken!‹«*
Mitte links *»Ich machte einen regelrechten Hechtsprung…«*
Mitte *»… und über mir wuchs die schneeweiße Halbkugel.«*
Mitte rechts *»Die C-47 entfernte sich schnell, ständig Springer hinausschüttend.«*

## Die Deutschen berichten

Ein Bericht von SS-Obersturmbannführer Walter Harzer, 9. SS-Panzerdivision:

»Der 17. 9. ist ein strahlender Sonntag. Anläßlich einer Ritterkreuzverleihung bei der SS-Pz.AA 9 werden die ersten Fallschirm- u. Lastenseglerlandungen vom Führer der Div.-Gruppe bei Henderlo selbst beobachtet. Zuerst wurde vermutet, daß ein stärkerer Tagbomberverband ins Reich einfliegen wollte, ein damals schon üblicher Anblick für die Truppe. Abschüsse und Flakfeuer waren dabei öfter festzustellen.

Es war 13.30 Uhr, als die ersten feindlichen Fallschirmjäger abgesetzt wurden. Bereits 13.30 Uhr alarmierte das II. SS-Pz.AK die Div.-Gruppe 9. SS-Pz. Div. Ich erhielt die Meldung über diese Landungen auf dem Gef.-Stand der SS-Pz.AA 9. Bis zu meiner Rückkehr zum Gef.-Stand Beekbergen alarmierten die Offiziere der Führungsstaffel alle Alarmeinheiten, die innerhalb einer Stunde die Marschbereitschaft meldeten, mit Ausnahme der SS-Pz.AA 9, welche auf die SPW die Ketten auflegen und teilweise die Waffen einbauen mußten, da die Fahrzeuge als nicht einsatzbereit dem Korps gemeldet waren, um nicht an die 10. SS-Panzerdivision abgegeben werden zu müssen. Innerhalb von 2 Stunden war auch von der Pz.AA die Meldung über die Marschbereitschaft bei der Div.-Gruppe.

Der Ic meldete die 1. Feindlage, daß mit Schwerpunkt Arnheim und westlich davon und bei Nimwegen starke Fallschirm- und Lastenseglerverbände niedergegangen seien. Örtliche deutsche Kräfte seien dagegen bereits angesetzt. Gegen 16 Uhr befahl das II. SS-Pz.AK: Div.-Gruppe Harzer sammelt im Raum Velp und stellt sich so bereit, daß von dort aus ein Angriff gegen den bei Oosterbeek, westlich Arnheim, gelandeten Feind, in etwa Brigadestärke, angetreten werden kann...«

Am 18. September 1944 gibt das Oberkommando der Wehrmacht bekannt:

»Im holländischen Raum setzte der Feind gestern mittag nach vorangegangenen starken Luftangriffen Fallschirmjäger und Luftlandetruppen hinter unserer Front mit Schwerpunkt im Raum von Arnheim, Nimwegen und Eindhoven ab. Am Nachmittag trat er dann zwischen Antwerpen und Maastricht zum Angriff an, um die Verbindung mit seinen abgesprungenen Verbänden herzustellen. Besonders im Raum von Neerpelt entwickelten sich dabei heftige Kämpfe, in deren Verlauf der Feind geringen Geländegewinn nach Norden erzielen konnte. Gegen die feindlichen Luftlandekräfte sind konzentrierte Gegenangriffe angesetzt. Zwischen Maastricht und Aachen sowie im Raum von Nancy stehen unsere Truppen weiterhin in schwerem Abwehrkampf mit starken Kräften. In den übrigen Abschnitten der Westfront wurden zahlreiche schwächere Angriffe des Feindes zerschlagen.«

Oben und unten links *17. September 1944: Fallschirmjäger und Lastensegler zwischen Wolfheze und Heelsum*
Oben Mitte *Gelandet: Ein Fallschirmspringer mit Container*
Oben rechts *Horsa Mk II nach der Landung*
Unten rechts *Eine entladene Horsa Mk II*

## Und so war es

Am Morgen des 17. September 1944 starten von 26 Flugplätzen in Südengland aus 1400 Bomber, um die vorgesehenen Landezonen in Holland mit einem tödlichen Hagel einzudecken und deutsche Flakstellungen zu vernichten. Gegen Mittag folgen weitere 2023 Flugzeuge – Truppentransporter mit Fallschirmjägern an Bord und Schleppmaschinen mit Lastenseglern: die gewaltigste Luftarmada der Geschichte mit 20000 Mann an Bord.

Die Gleiter vom Typ Horsa und Waco und die riesigen Hamilcar, die eine Nutzlast von acht Tonnen aufnehmen können, befördern Infanterie, Geschütze, Fahrzeuge, Munition und Nachschub. Sie fliegen in nur 500 Meter Höhe und bilden das erste Kommando, dem am nächsten und übernächsten Tag die anderen folgen sollen. Als Geleitschutz umschwirren 1500 Jagdflugzeuge die mächtige Flotte: Mustangs, Lightnings, Spitfires, Typhoons, Tempests und Mosquitos. Insgesamt befinden sich 5000 alliierte Maschinen am Himmel.

Kein einziges deutsches Jagdflugzeug versucht anzugreifen. Auch die Flak, die durch ein vorangegangenes schweres Bombardement stark in Mitleidenschaft gezogen worden ist, reagiert nur schwach. Die Verluste – 35 Transportmaschinen, 13 Lastensegler und etwa 30 weitere Flugzeuge – bleiben somit weit unter den angenommenen Zahlen. In seinem Hauptquartier in Vught bei Hertogenbosch beobachtet der deutsche General Student, der vier Jahre zuvor an der Spitze einer weitaus schwächeren Fallschirmstreitmacht ebenfalls über Holland abgesprungen ist, sprachlos vor Neid und Bewunderung dieses Schauspiel.

Als die ersten Maschinen der Operation ›Market-Garden‹ die Küste kreuzen, bekommt Model, Chef der Heeresgruppe B, ein Schreiben von Feldmarschall v. Rundstedt, in dem dieser ihn bittet zu prüfen, ob etwas auf eine bevorstehende Invasion Nordhollands aus der Luft und von See her hindeutet: »Die allgemeine Lage und die merkliche Intensivierung der feindlichen Aufklärung veranlassen den OB-West, noch einmal auf die Möglichkeit eines kombinierten Luft- und Seeangriffes hinzuweisen... Ergebnisse sind ans OKW (Hitler) zu übermitteln.«

Noch am Vormittag des 17. September hält Model eine Stabsbesprechung im Park-Hotel Hartenstein ab, mittags setzt man sich im Hotel Tafelberg zu Tisch. Gegen 14 Uhr krachen Bombeneinschläge, die Fensterscheiben gehen zu Bruch. Der Feldmarschall nimmt volle Deckung auf dem Fußboden. Der Ia, Oberst v. Tempelhof, meldet kurz: »Eine ganz große Schweinerei – ein bis zwei Divisionen Fallschirmjäger über uns.« Models Antwort: »Alles raus – Treffpunkt Terborg!«

Der Feldmarschall flüchtet ins Hauptquartier von SS-Obergruppenführer Bittrich, dem Kommandeur des II. SS-Panzerkorps. Model glaubt an ein lokales Kommandounternehmen, ein Kidnapping, das allein seiner Person und seinem Hauptquartier gelte. Obergruppenführer Bittrich vermutet jedoch mehr dahinter. So gibt nicht der Feldmarschall, sondern der Obergruppenführer Alarm: Er läßt durch seine Panzergrenadiere die Straßenbrücke bei Arnheim sichern.

Die Engländer sind nun in Sichtweite von Models

Oben links *Ein nur 12,5 kg schweres Kleinstfahrzeug*
Oben rechts *»Landung durchgeführt, fast kein Widerstand.«*
Unten links *Lieutenant-Colonel John Frost (rechts)*
Unten Mitte *General Student: »... sprachlos vor Neid und Bewunderung.«*

Hauptquartier gelandet. Wäre es den britischen Fallschirmjägern tatsächlich geglückt, Model gefangenzunehmen, hätten sie jenen Mann in der Hand gehabt, der sich von allen Deutschen am besten darauf versteht, Gegenangriffe zu organisieren. Energisch wie er ist, nimmt sich Model als Oberkommandierender die Zerschlagung von ›Market-Garden‹ vor.

Die zusammenfassende Meldung der Alliierten klingt wie ein Triumph: »Landung durchgeführt. Fast kein Widerstand.«

Die amerikanische 101. Airborne Division (Taylor) geht zwischen Veghel und Zon nieder, die amerikanische 82. Airborne Division (Gavin) südlich Nimwegen und die britische 1. Airborne Division (Urquhart) jenseits des Rheins, westlich von Arnheim.

Nach dieser mustergültigen Landung formieren sich die Einheiten der 1. Luftlande-Division (Urquhart) jedoch nur sehr langsam. Bei ihrem allzu methodischen Vorgehen machen sich die englischen Fallschirmjäger nicht klar, daß Kühnheit bei modernen militärischen Operationen immer der bessere Teil der Vorsicht ist.

Übrigens trägt die Zivilbevölkerung nicht gerade zum reibungslosen Ablauf des Unternehmens bei. In Scharen strömen die Leute aus ihren Häusern. Außer sich vor Freude versuchen sie, die englischen Soldaten zum Tee in ihre

Wohnungen zu nötigen. Diese lassen sich das auch nicht entgehen; sie verteilen sogar Autogramme, machen Erinnerungsphotos oder flirten mit den einheimischen Mädchen. Mitten aus diesem an eine Volksbelustigung erinnernden Treiben marschieren die Briten in die Schlacht. Die ›Roten Teufel‹ von der 1. britischen Luftlande-Division müssen erst gute zehn Kilometer zu Fuß laufen, ehe sie den Kampf aufnehmen können.

Die Absprungzone der 1. Luftlande-Division ist allerdings zu weit vom taktischen Ziel entfernt gewählt worden. Anstatt sich in den ersten 24 Stunden mit aller Kraft auf die Eroberung und Behauptung der Brücke über den Niederrhein zu stürzen, verliert die Division kostbare Zeit und zersplittert sich in Straßenkämpfen innerhalb der Stadt.

Zu dieser Stunde, am Mittag des 17. September, verläßt das XXX. Korps (Horrocks) seinen Brückenkopf um Neerpelt am Nordufer des Albertkanals in Belgien und rollt auf der Betonstraße in Richtung Eindhoven durch deutsche Sperren, Pak- und Panzerschreckspaliere. General Horrocks Konvoi setzt sich aus 20000 Fahrzeugen zusammen, an der Spitze die Panzer der irischen Garde. Diese stößt da auf den Feind, wo laut Aufklärung kein Feind sein kann. Die ersten Panzer auf dieser einzigen Straße nach Norden werden lahmgeschossen und versperren nun den Weg.

US-General Taylor, Kommandeur der 101. Airborne Division, wiederum hat in seinen Lastenseglern keine Artillerie einfliegen lassen, dafür aber eine Menge Jeeps, um so beweglich wie möglich zu sein. Jetzt, da die Engländer auf der Straße nach Eindhoven gestoppt werden, ist seine Lage äußerst peinlich, da Taylor bei dem Vorhaben, das 25 Kilometer lange Stück des Korridors zu halten, stark auf die englischen Panzerkanonen gehofft hat. General Taylor ahnt nicht, daß nur 17 Kilometer von den Absprungräumen seiner 101. Airborne Division General Students Gefechtsstand liegt. Er weiß auch nicht, daß die ersten Verstärkungen der 15. deutschen Armee (v. Zangen) bereits bei Tilburg stehen.

Als Urquhart mit seinem Jeep in Hicks vorläufigem Gefechtsstand eintrifft, wartet dort eine Nachricht auf ihn, die das ganze Luftlande-Unternehmen entscheidend beeinflußt: Die Aufklärungsschwadron von Major Freddie Gough, die unmittelbar nach der Landung die Brücke von Arnheim im Handstreich nehmen soll, ist noch nicht aufgebrochen, denn ihre Fahrzeuge sind auf einem falschen Landeplatz abgesetzt worden, und niemand weiß, wo sie sich befinden.

Nur eine einzige Brigade nimmt Richtung auf die festgesetzten Ziele, die anderen beziehen rings um ihre Landezone Stellung. Da zwei Bataillone am Rande von Oosterbeek durch heftige Kämpfe mit einer SS-Einheit aufgehalten werden, verbleibt schließlich nur ein einziges Bataillon, das unter dem Befehl von Oberstleutnant J. D. Frost die Aufgabe der Division erfüllen kann.

Frosts Bataillon marschiert durch Heveadorp, eine kleine Ortschaft auf dem Nordufer des Niederrheins. Er ahnt nicht, daß sich einige hundert Meter zu seiner Rechten eine große Kabelfähre befindet, die zwischen Heveadorp und dem auf dem Südufer liegenden Dorf Driel Verbindung hält. Auch Frosts Chef-General Urquhart weiß nichts von dieser Fähre, die bei der Einnahme der Arnheim-Brücke eine entscheidende Rolle spielen könnte: Mit ihr hätte man nämlich bereits einige Stunden nach der Landung den Fluß überqueren und die Brücke von Süden her im Handstreich nehmen können. Die Planer von ›Market-Garden‹ haben trotz tausender Luftaufnahmen die Drieler Fähre einfach übersehen.

Die Eisenbahnbrücke, der sich Frosts Spähtrupp nähert, fliegt vor den Augen der Männer in die Luft.

Oberstleutnant Frost hat inzwischen auch noch die B-Kompanie abgezweigt und diese in Richtung Den Brink geschickt, wo sich deutsche Abwehrkräfte unangenehm bemerkbar machen. Die B-Kompanie hat eine weitere Aufgabe zu erfüllen: die Pontonbrücke über den Rhein zwischen der Eisenbahnbrücke und der Straßenbrücke einzunehmen. Sie können jedoch nicht wissen, daß die Deutschen von dieser Pontonbrücke bereits einige Teile abgetrennt und östlich von Arnheim an Land gezogen haben.

Währenddessen kehrt Urquhart eiligst zu seinem Gefechtsstand zurück. Aber dort erfährt er nur, daß die Funkgeräte noch immer nicht in Ordnung sind. Jetzt feh-

Oben rechts *Über Arnheim*
Mitte und unten links *Das Entladen eines US-Waco-Lastenseglers geschieht oft unter den Augen Neugieriger*
Unten rechts *›Die Roten Teufel‹*

len sogar Nachrichten von der 1. Fallschirmjäger-Brigade, und auch mit London erhält man keine Verbindung. Da ebenfalls vom II. Bataillon, das auf dem Marsch zur Brükke ist, keine Nachrichten eintreffen, schickt Urquhart Melder los. Weil diese Männer vielleicht erst nach Stunden zurückkommen werden, macht er sich vorsorglich selbst mit einem Funker im Jeep auf den Weg, um Lathbury, den Kommandeur der 1. Fallschirmjäger-Brigade in dessen Gefechtsstand aufzusuchen. Während der Fahrt bemüht sich der Funker ständig um Verbindung mit Frost, der sich auf dem Marsch zur Brücke befindet. Frost jedoch meldet sich nicht. Endlich, auf der Straße Arnheim-Utrecht, glaubt der Funker, Frost zu empfangen. Aber er irrt sich, was er hört, ist in Wirklichkeit ein deutscher Sender.

Die Kämpfe sind noch nicht richtig entbrannt, als die Funkverbindungen der Engländer bereits ausgefallen sind. Während sich die Verbände Arnheim nähern, wird der Funkkontakt zunehmend schwächer. Das eingesetzte Funksprechgerät vom Typ 22 hat zwar eine Reichweite von mindestens acht Kilometern, dennoch können Lathburys Bataillone und Goughs Aufklärer, obwohl kaum mehr als fünf Kilometer entfernt, die Signale nur schwach empfangen.

Eine Urquhart zugeteilte Sonder-Nachrichteneinheit der Amerikaner hat ebenfalls Pech. Sie soll mit ihren superstarken Hochfrequenzgeräten die Boden-Luft-Verbindung zu den Jagdbombern halten und bei Bedarf Luftunterstützung anfordern. Wäre dies möglich, könnte sie das Kampfgeschehen in den ersten Stunden entscheidend beeinflussen. Diese modernen Spezialgeräte jedoch sind versehentlich auf völlig andere Wellenlängen als die der Jabos eingestellt worden.

Die Nachrichtenabteilung des Korps stellt zwar Funkverbindung zur 2. Armee und dem rückwärtigen Korpsstab in England her, der Kontakt zur 1. Luftlande-Division jedoch ist abgeschnitten, und damit ist die Operation ›Market-Garden‹ bereits in ihrer ersten Phase ernsthaft bedroht.

So hat die 1. Luftlande-Division weder zum Korpsstab von Browning nahe Nimwegen, noch zum Nachrichtenspezialisten beim Stab von Montgomery Verbindung. Nur über ein zufällig vorhandenes Gerät für die Kriegsberichterstatter der BBC kann man, wenn auch verzerrt, eine Verbindung mit England herstellen. Auf der gleichen Wellenlänge arbeitet jedoch auch ein starker deutscher Sender. Urquhart kann den Korpsstab in England zwar ausgezeichnet verstehen, seine eigenen Meldungen kommen allerdings nicht durch. Die Rapporte, die über die BBC-Apparatur nach London gelangen, werden von Brownings Korpsstab aufgefangen und erst Stunden später nach Holland zurückgefunkt, wo sie – inzwischen meistens nicht mehr aktuell – endlich eintreffen.

Auf Karten angewiesen, die häufig ungenau sind, haben die Kompanien und Züge in unbekanntem Gelände oft keine Verbindung mehr zueinander. Wegen des Mangels an Nachrichtenverbindungen und Fehlens von Anweisungen haben die Bataillons-Kommandeure kein klares Bild von den Vorgängen.

Die Instandsetzungsabteilung der 9. SS-Panzerdivision macht in der Rekordzeit von nur zwei Stunden die gepan-

Oben und unten links, oben rechts *Den alliierten Befreiern wird von der einheimischen Bevölkerung ein herzlicher Empfang bereitet. Dieser nicht einkalkulierte Aufenthalt verursacht Störungen und behindert den reibungslosen Ablauf der Operation.*
Unten rechts *Auf dem Wege nach Arnheim: Lastensegler-Pilot Captain Ogilvie (rechts)*

FPU

CRA

zerten Fahrzeuge wieder fahrbereit, die Harzer eigentlich der 10. SS-Panzerdivision ›Hohenstaufen‹ zur Verlegung nach Deutschland hatte übergeben sollen. Auf Befehl Harzers rast der SS-Hauptsturmführer Gräbner mit seinen 40 wieder einsatzfähigen Panzerfahrzeugen der Aufklärungsabteilung AA 9 von der Hoenderloo-Kaserne nördlich Arnheim in Richtung Nimwegen, um die Stärke des Feindes zwischen beiden Städten zu erkunden. Er durchquert das menschenleere Arnheim von oben nach unten, überfährt kurz vor 19.00 Uhr die große Straßenbrücke und stößt bis Nimwegen vor: »Keine Feindberührung!« meldet Gräbner per Funk und bekommt den Befehl zur Umkehr.

Erstaunlicherweise unterläßt es der sonst so pflichtbewußte Harzer trotz des ausdrücklichen Befehls von Bittrich, Gräbner mit der Sicherung der Arnheimer Straßenbrücke zu beauftragen.

Während Gräbner nun aus Arnheim in Richtung Nimwegen braust, dringen Frosts Männer bereits in die Stadt ein und nähern sich vorsichtig der Brücke. Gräbners Aufklärungsabteilung und die Vorhut des Bataillons Frost verfehlen einander um etwa eine Stunde.

Unterdessen steht die mächtige Brücke von Arnheim einsam und verlassen. Nur etwa 25 Minuten, bevor Frosts A-Kompanie auf der Nordseite der Brücke auftauchen wird, haben die SS-Panzergrenadiere die Stellungen auf beiden Uferseiten bezogen und die Brücke unter ihren Schutz genommen.

Oben und unten links *Erste Gefangene: Überraschung auf beiden Seiten*
Oben rechts *Oosterbeek: Die englischen Luftlandetruppen müssen noch etwa 10 Kilometer zu Fuß zurücklegen*
Unten rechts *Auch Russen sind dabei*

Lediglich mit der A-Kompanie und dem Personal seines Stabes marschiert Frost weiter am Rhein entlang zur Brücke. Um 19.45 Uhr erreichen sie von der Rodenburgstraat her die Riynkade. Sich vorsichtig nach allen Seiten sichernd, gehen die ›Roten Teufel‹ in Richtung Osten weiter – und dann liegt die Arnheimer Rheinbrücke vor ihnen. Sie ist noch unbeschädigt! Die 25 bejahrten Feldgrauen, die hier Wache schieben, denken nicht ans Kämpfen und setzen sich schon am frühen Nachmittag nach hinten ab.

Anstatt sich nun sofort der beiden Brückenenden zu bemächtigen, sendet Frost jetzt die Züge der A-Kompanie auf die Brücke. Aus dem Bunker am Nordzugang eröffnet ein deutsches Flakgeschütz das Feuer, und am Südende der Brücke rattert das MG eines gepanzerten Halbkettenfahrzeugs. Frost sitzt mit seinen Leuten am Nordende fest, den Fluß wird er nicht mehr überqueren können.

SS-Sturmbannführer Krafft, der Kommandeur des Ausbildungs- und Reserve-Bataillons der Panzergrenadiere, liegt mit seinen Leuten praktisch genau in der Landezone der Engländer. Sein Quartier, das Hotel von Wolfheze, ist nur gut einen Kilometer von der Renkumer Heide entfernt, seine zwei Kompanien befinden sich in der Nähe der Straße nach Wolfheze am Rande der Heide.

Wie der Plan vorsieht, marschieren drei Fallschirmjäger-Bataillone auf drei verschiedenen Routen nach Arnheim, die wie die Speichen eines Rades in einem Punkt zusammenlaufen. Zwischen der nördlichen und der mittleren Route – fast im rechten Winkel zu beiden – hat Sturmbannführer Krafft eine Linie am Wolfhezerweg entlang besetzt. Er denkt, daß er so in der Lage sei, den feindlichen Vorstoß an beiden Flanken aufzuhalten. Das 1. Fallschirmjäger-Bataillon (Dobie), das am weitesten nördlich liegt, schlüpft jedoch ungesehen an Kraffts nördlichem Flügel vorbei, weil die deutsche Sperrlinie an diesem Punkt etwas abbiegt. Die Gegner sehen nichts oder fast nichts voneinander.

Was Krafft natürlich nicht weiß: Weiter südlich hat Frosts 2. Bataillon die enge Straße entlang des Rheins genommen und ist praktisch ohne Widerstand nach Arnheim und zur Brücke gelangt. Und was Frost seinerseits nicht ahnen kann: Hinter ihm ist ein deutscher Sperriegel errichtet worden, der ihn vom Rest der britischen Luftlande-Division endgültig abschneiden wird.

Der Divisionskommandeur, General Urquhart, hat sich Fitchs Bataillon gegen 18.00 Uhr ebenfalls angeschlossen. Lathbury und er beschließen, die Nacht über beim Bataillon zu bleiben. Beide Offiziere, die rosigen Berichte der Feindaufklärung über den zu erwartenden deutschen Widerstand im Kopf, wollen ihr Ziel – die Straßenbrücke in Arnheim – so schnell wie möglich erreichen.

Das Resultat: Zwei Befehlshaber befinden sich in einem kritischen Augenblick ohne ihre Stäbe an der Frontlinie. Zwei ihrer drei Bataillone (Dobies und Fitchs) werden durch feindliche Panzertruppen gestoppt.

Nur Frosts 2. Bataillon hat die Brücke erreicht. Und sobald Lathbury die Meldung über Frosts Durchkommen erhalten hat – es ist ungefähr 17.30 Uhr –, weist er seinen Stab an, die gleiche Route einzuschlagen. Sie erreichen die Brücke tatsächlich und unterstehen dann Frosts Kommando. Frost nimmt an, daß die B-Kompanie den feindlichen Widerstand bei Den Brink gebrochen hat, und daß sie sich nun bei der Ponton-Brücke befindet. Er will der Kompanie befehlen, den Rhein in Booten zu überqueren, die er in einem kleinen Dock in der Nähe der Ponton-Brücke gesehen hat. Die B-Kompanie könnte dann das Südende der Brücke vom Gegenufer des Rheins aus angreifen. Die Funkverbindung mit der B- und C-Kompanie ist jedoch immer noch unterbrochen, deshalb schickt Frost ein paar Männer mit diesem Befehl an die B-Kompanie aus. Aber sie können diese bei der Ponton-Brücke nicht mehr finden, und es ist bereits 5 Uhr am nächsten Morgen, als sie sich endlich den Weg zu ihrem Bataillon an der Straßenbrücke erkämpfen können.

Was die Alliierten nicht wissen: In der Nähe von Vught, in einem abgeschossenen amerikanischen Lastensegler – Typ Waco – finden die Deutschen den gesamten alliierten Operationsbefehl. »Dieses überaus wertvolle Schriftstück lag bereits wenige Stunden später ausgewertet auf meinem Schreibtisch«, berichtet General Student.

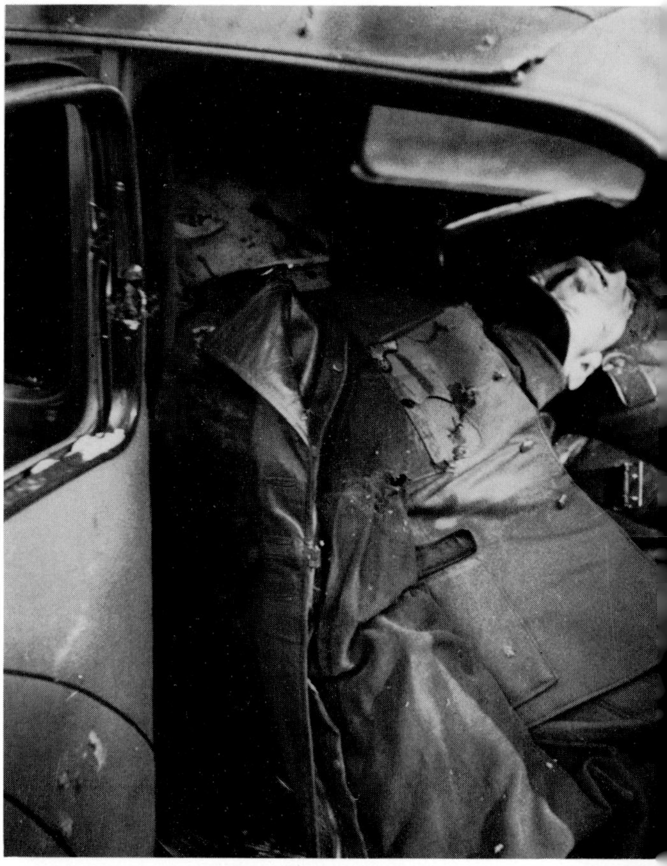

*Wolfheze, die ersten Toten: Der Stadtkommandant von Arnheim, Gen.Maj. Kussin (oben links), sein Chauffeur (oben rechts), . . . ein deutscher Soldat (unten links)*
Unten rechts *Harte Männer der 10. SS-Panzer-Division*

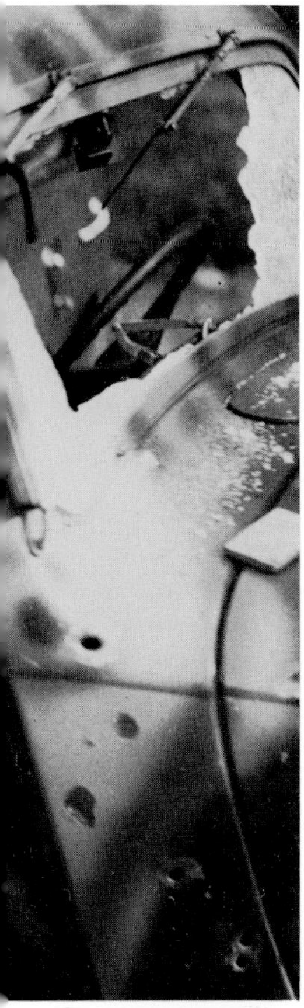

Oben *Oosterbeek, der lange Marsch nach Arnheim: Die ›six-pounder‹-Pak*
Unten links *Tragbares Funkgerät: Ohne Kontakt*
Unten rechts *Gefallen*

# Der zweite Tag

## *18. September 1944*

### Die Alliierten berichten

Am Dienstag, dem 19. September 1944, berichtet das Alliierte Headquarters (H. Q.) über die Ereignisse vom Vortage:

»Britische Panzer stoßen zu den Luftlande-Truppen. – Massive Verstärkungen werden nach Holland gebracht. 2. Armee nähert sich Eindhoven. – Ein Fort in Boulogne fällt in kanadische Hände.

Luftlande-Truppen und Nachschub wurden gestern immer noch in großen Mengen nach Holland eingeflogen, die 1. Luftlande-Armee hat ihre ersten Ziele erreicht und Gefangene gemacht.

Die Panzerspitzen der 2. britischen Armee, die von der belgischen Grenze aus nach Norden rollen, haben mit den Luftlande-Truppen Verbindung aufgenommen. Die 2. Armee, die Eindhoven umging, hat in gut 24 Stunden 15 Meilen zurückgelegt.

Im Kampf um Boulogne fiel das Fort Mont Lambert gestern an kanadische Truppen, die nun den größten Teil der Stadt östlich des Flusses besetzt halten. An der Front der 3. amerikanischen Armee befinden sich General Pattons Panzer inzwischen 18 Meilen vor Nancy.« (The Times, London, 19. 9. 1944)

In ihrer Ausgabe vom 19. September 1944 schreibt die Londoner Times weiter:

» . . . falls man genügend Schutz durch Jäger und Luftunterstützung bei der Ausschaltung der Flak-Stellungen bekäme«, meinte einer der Offiziere angesichts des Verlaufs der Operation, »könnten die deutschen Linien und der Rhein überraschend angegriffen werden.« »Die Luftlande-Armee«, fügte dieser Offizier hinzu, »sei zu jeder ihr aufgetragenen Operation fähig . . . für die Luftlande-Operation wurden 24 Tonnen Kartenmaterial gebraucht. Jeder gelandete Soldat bekam eine Karte von dem Gebiet, in dem er kämpfen sollte . . . im Gegensatz zu früheren Operationen sollten die Luftlande-Truppen diesmal in genau abgegrenztem Gebiet abgesetzt werden und nicht über weiten Landstrichen, wie dies in der Normandie oder auf Sizilien der Fall gewesen war. Dadurch sollte erreicht werden, daß Truppen in ausreichender Stärke so nahe wie möglich am Ziel landeten . . . jedes Landegebiet wurde von Pfadfindern erst 15 Minuten vorher markiert; außer etwa einem Dutzend gingen alle Fallschirmjäger genau in ihrem vorgeschriebenen Raum nieder . . . bereits die erste Patrouille der 2. britischen Armee, die von der belgischen Grenze aus in nördlicher Richtung ging, hatte Funkkontakt mit der alliierten Luftlande-Armee hergestellt . . .«

### Die Deutschen berichten

Am 19. September 1944 gibt das Oberkommando der Wehrmacht zu den Ereignissen des Vortages bekannt:

»In Mittel-Holland verstärkte der Gegner seine im rückwärtigen Frontgebiet abgesetzten Kräfte durch neue Luftlandungen. Eigene Angriffe gegen die Absetzstellen gewinnen gegen zähen Feindwiderstand langsam Boden. Aus dem Brückenkopf von Neerpelt griff der Feind mit starken Panzerkräften nach Norden an und drang in Eindhoven ein. In erbitterten Nahkämpfen wurden 43 Panzer vernichtet. Nordwestlich Aachen konnte der Gegner trotz starken Einsatzes von Artillerie und Panzern nur geringen Bodengewinn erzielen. Westlich und südlich der Stadt wurden alle Angriffe abgewiesen. Im Raum von Lunéville verlaufen die eigenen Gegenangriffe weiterhin erfolgreich. Von den übrigen Frontabschnitten werden nur örtliche Kampfhandlungen gemeldet. Unter starkem Einsatz von Artillerie und Fliegern griff der Feind auch gestern Boulogne und Brest an . . .«

## Und so war es

Im Morgengrauen versuchen vier Bataillone der Luftlande-Division unabhängig voneinander, zwischen St.-Elisabeth-Hospital und Rhein die Brücke zu erreichen. Das 3. Bataillon (Fitch) rückt auf der dicht am Rhein verlaufenden Straße vor, auf der auch Frost am Sonntag zur Brücke marschiert war, ohne zu ahnen, daß parallel zu ihm gleichzeitig drei weitere Bataillone dieselbe Richtung einschlagen: das 1. (Dobie), das 11. (Lea) und das 2. (Staffordshire unter McCardie). Von Dobies Bataillon trennten ihn sogar nur wenige hundert Meter.

Gleich in den ersten Stunden des Montagmorgen werden Urquhart und Lathbury in das Kampfgetümmel im Straßenlabyrinth westlich des St.-Elisabeth-Hospitals verwickelt. Sie sind gezwungen, in einem der Häuser Schutz zu suchen. Wenig später wird Lathbury von einem deutschen MG-Geschoß getroffen und muß bei einem holländischen Ehepaar zurückgelassen werden. Urquhart setzt seinen Weg mit zwei anderen Offizieren fort. Sie geraten zwischen die Deutschen und verstecken sich im Reihenhaus von Antoon Derksen, Zwarteweg 14. Direkt vor dem Haus parkt ein deutscher Schützenpanzer, und General Urquhart muß auf dem niedrigen Dachboden liegen, ohne sich aufrichten zu können.

Am Morgen dieses 18. September kreisen zwischen 9.00 und 10.00 Uhr rund 190 deutsche Jagdmaschinen über Holland, um die zweite Welle der Luftlande-Streitkräfte abzufangen. Die Luftlagemeldungen aus dem noch besetzten Dünkirchen, das im Bereich der Einflugschneise liegt, sowie die bereits am 17. September erbeuteten Pläne gestatten es den Deutschen schon Stunden vorher, sie im vorgesehenen Landegebiet zu erwarten.

Doch kein alliiertes Flugzeug ist weit und breit am Himmel zu sehen: Während nämlich in Holland herrliches Wetter herrscht, liegt über den Startplätzen in England dichter Nebel. Erst am Nachmittag taucht die zweite Welle auf. Zu dieser Zeit befindet sich die Hälfte der Luftwaffen-Jagdmaschinen entweder weit von der alliierten Flugroute entfernt oder an den Tankwagen.

Das Ergebnis: Über Eindhoven und Arnheim gelingt es keiner der wenigen angreifenden Maschinen, den Schutzschild der alliierten Jagdflugzeuge zu durchstoßen und sich den Truppentransportern zu nähern. Das Gelände westlich des Bahnhofs von Wolfheze und auf der Ginkeler Heide, auf dem die Fallschirmjäger und Luftlande-Truppen der zweiten Welle herunterkommen, ist zu dieser Zeit Schauplatz eines heftigen Gefechtes zwischen Engländern und Deutschen. SS-Verbände und Flak-Geschütze sind schon zuvor von Arnheim aus in die Landezonen geworfen worden und bereiten den Engländern jetzt einen heißen Empfang. Auch gelingt es über zwanzig Messerschmitt- und Focke-Wulf-Jägern, fortgesetzt im Tiefflug in das Geschehen einzugreifen. Allein in einem einzigen Abschnitt stehen 50 Lastensegler in Flammen.

Es stellt sich als ein verhängnisvoller Fehler heraus, die Kampfkraft der deutschen Truppen zu unterschätzen. Die

**AIRBORNE ARMY LANDS IN HOLLAND**

**SEVERAL TOWNS REPORTED OCCUPIED**

**OPERATION "LIKE CLOCKWORK"**

**SIMULTANEOUS ADVANCE BY SECOND ARMY**

Strong forces of the First Allied Airborne Army landed in Holland yesterday afternoon, and last night pilots reported that the operation " went like clockwork." One report states that the enemy has been cleared from several Dutch towns.

It was the greatest airborne operation ever launched, more than 1,000 aircraft taking part. R.A.F. and American bombers prepared the way with massive night and day bombing attacks on airfields, gun positions, and barracks.

Last night it was reported that armoured spearheads of the British Second Army had moved forward from their Beeringen bridgehead and had advanced two miles across the Dutch frontier.

Oben links *Auszug aus der Times vom 18. 9. 1944*
Unten links *Brigadier Philip Hicks*
Rechts *Eine Seite der Daily Mail vom 18. September 1944*

**Daily Mail**
NO. 15,094 ONE PENNY FOR KING AND EMPIRE MONDAY, SEPTEMBER 18, 1944
4 A.M. EDITION



# GREAT SKY ARMY OPENS BATTLE FOR RHINE

THE R.A.F. and British Airborne and Parachute units played a big part in the operation. Here are R.A.F. Halifaxes towing British Horsa gliders over the Rhine as the great air army flew deep into Holland, by-passing flooded areas and turning the German line.

A GUNNER in an escorting aircraft keeps watch for enemy fighters as part of the Allied armada in perfect formation crosses the coast of Holland. Luftwaffe opposition, on the whole, was slight, although some enemy fighters did try to break through.

## Dutch Towns Taken in First Hours: Fierce Fighting

**EARLY to-day there was every indication that the first stage of the great airborne invasion of Holland had gone entirely to plan. A number of Dutch towns have already been captured, and Lt.-General L. Brereton, commander of the attacking 1st Airborne Army, and his staff were described by one war correspondent last night as "highly elated" at the success of the operation.**

**One staff officer of Troop Carrier Command described the landing as "successful beyond all expectation." It is believed that very few of the troop-carriers were lost to enemy fighters or A.A. fire.**

To-day the Airborne Army, together with the British 2nd Army, was engaged in what may well prove to be the final, decisive battle of Germany—Major-General Paul Williams, commander of the troop-carriers, yesterday described the attack as "the knock-out blow to the already staggering enemy."

The air army swooped across the water-belt of Holland, the strongest defensive position in Western Europe. Success in the battle now raging will mean that they have turned the line of the Rhine, the Reich's last defence.

### *ZERO HOUR—LUNCH TIME*

Before R.A.F. crews took off they were told: "You are about to take part in an airborne operation transcending in importance even the one launched on D-Day. It is an operation vital to the outcome of the land battle. Success may mean all the difference between a rapid decision in the west and a protracted winter campaign.

"The Army is relying implicitly on us to drop the men in sufficient numbers at the right place at the right time."

Up to early to-day there was little detailed news of the airborne army, but it is known that it encountered heavy opposition in many places. Even at these points, however, the paratroops and gliders made good landings.

General Eisenhower's H.Q. is maintaining strict secrecy about the movements of the air army, but the Germans declare that the landings were made in the areas of Tilburg, Eindhoven, and Nijmegen, and on the northern bank of the Rhine, west of the German border.

The three places named are all important communcation centres in an area which, according to Berlin, is only a few miles ahead of the spearhead of the Second Army, which yesterday launched a heavy tank assault towards Eindhoven.

The airborne assault to open the Battle of the Rhine began at 1 p.m. yesterday.

Airmen over Holland at the time said that the sky seemed empty. Then, suddenly, from the west, came plane after plane, hundreds of them, bringing the First Airborne Army to the field of battle.

Fighters flew above, below, and at the sides of the transport fleet—a fleet of more than 1,000 gliders, troop-carriers, and two-plane carrying a fully equipped fighting force. "It would have been suicide

BACK PAGE—Col THREE

## Rail Strike in Holland

**Daily Mail Radio Station**

A general strike on the Dutch railways was ordered by the Netherlands Government in a broadcast last night from Radio Orange.

The broadcast said: "This order is of paramount importance. Do not wait long!"

This was followed by a call from General Eisenhower to the officers and men of the German armed forces which said: "Dutch Troops of the Interior fight side by side with the Allied armies.

"These troops enjoy the same rights and privileges as do Regular soldiers, and the same laws apply to them. They are under my supreme command.

"They have their own officers, and are under the command of Prince Bernhard."

### FINNS REPORT ON REICH

(*Daily Mail Exclusive*)

**FINNISH Army officers—in Berlin only a few days ago—have just presented a report on Germany's internal situation to their Government in Helsinki. Revealing extracts from it appear in Page TWO to-day.**

## Armada Flew in Fighter 'Tunnel'

### *LINE-UP LIKE CARS*

**FLYING out of the haze like bees swarming from a hive came hundreds upon hundreds of Allied planes. To the sides, above, and below them were fighters, forming an armoured tunnel in the air above Holland.**

Through this tunnel the men of the First Allied Airborne Army flew to their destination yesterday, the low-flying transports in rigid formation within the swarm of fighters.

That was how one correspondent, William Downs, of C.B.S., saw the start of the great air invasion of the Netherlands—"One of the most tremendous sights I have ever seen in four years of covering this war."

It was ideal weather for the job. Low clouds gave cover for the unarmed C 47 troop-carrier planes.

Over the paratroop-drop zones and glider-landing sites the clouds lifted, giving the pilots perfect visibility.

Before the air armada arrived, fighters and fighter-bombers had blasted the picked areas, going down in "suicide" dives on the German gun positions. Eighth Air Force fighters radioed a "running commentary" to their headquarters, telling of fierce battles in the air.

Though some units ran into fierce opposition, one observer after another told how thoroughly the planes that smashed a way in had done their work.

"The odd gun I saw fire never got in more than a single round before these fighters had shot it quiet," said a tow pilot. "I never saw anything so fast. I would not be a Hun ack-ack gunner for all the money in the world."

Back from a reconnaissance flight, low over the British and American sectors, a Spitfire pilot said: "The gliders were laid out on the landing zones as if they had been placed there by hand. They were all bang in the right spot, and unloading was going on.

"In one place I got right down and saw the local people, out in their Sunday best, lending a hand with the unloading. In another the troops were already leaning over an orchard wall talking to a crowd of girls."

With the hundreds of home-based fighters that flew across the North Sea were Dutch pilots flying Spitfires, Tempests, and Mustangs of R.A.F., 2nd T.A.F., and A.D.G.B.

### Their Day

The acting squadron commander of an all-Dutch squadron said it was the day his squadron had been awaiting for four years.

"And it came as a tremendous surprise," he added. "Imagine my reaction when I saw on the instructions 'Invasion of Holland.'"

Leo Disher, *B.U.P.* correspondent, got this "grand-stand" picture of the landings from a fighter pilot:

"The transports came by in perfect formation, strung out from the coast to the target—some going and some coming. There was little opposition from German A.A. positions which we had previously silenced.

"The paratroops dropped from their planes as if shot from guns, and at times I could see as many as 400 in the air. Their many-coloured parachutes made a picturesque scene.

"Following up the paratroops I could see waves of big bombers towing gliders which landed in a field much like cars parked in a garage one alongside the other and in neat straight rows.

"Everything was quiet on the ground. There was nobody on the

BACK PAGE—Col FIVE

## Coast Crowd Sees Battle for Boulogne

### *From Folkestone*

*Canadian troops yesterday launched an all-out attack on Boulogne, after a four-hours R.A.F. blitz. By last night they had made good progress.—Story in BACK Page.*

**FOR hours after darkness fell last night people on Folkestone Leas watched the battle for Boulogne. The calm sea was illuminated almost to the English side of the Channel by terrific flashes on the French coast.**

Coastal searchlights at Calais, Cap Gris Nez, and near Boulogne swept the Channel and were so powerful that they lighted up the beach at Folkestone.

Fires were raging in different parts of Boulogne. One particularly big one cast a large light over the sea. Clouds of smoke could be seen rising from the blaze.

Bombers appeared to have joined in the battle, for great bomb flashes could be seen.

### Little Flak

Flares hung in the sky. Flak from the enemy guns was meagre.

Early this morning guns as far away as Cap Gris Nez were firing towards Boulogne. The flashes from the guns were almost incessant. Coastal batteries were firing seawards, and occasionally the bursts in the water could be seen from the coast.

The fighting seemed to have reached Wimereux—which gave particular pleasure to the watchers since it is from Wimereux that the cross-Channel guns have been firing towards the Dover area.

One peculiarity of the battle was that, although there were tremendous explosions across the water, little could be heard of them.

### Nazi Attache's Trip

LISBON, Sunday.—Col. von Kaulpach, German Military Attaché in Lisbon, has left for Spain by air.—*Exchange.*

## *ARMOURED DRIVE INTO HOLLAND*

**From EDWARD GILLING**

WITH THE SECOND ARMY, Sunday.

BRITISH armour has begun to roll again. While the airborne troops were being dropped into Holland to-day the Second Army launched attacks from its bridgehead over the Escaut Canal.

Rocket-firing Typhoons and fighter-bombers smashed down on the German defensive positions as our tanks went speeding along the roads into Holland.

Cromwells and Shermans roared along the road with the carrier-borne infantry following up.

Hitherto only armoured car patrols had crossed the border, but to-day we were using our armoured strength.

This meant that the period of building up our supplies and stores that had been going on for nearly a fortnight had ended.

I watched one of our armoured columns move out from the bridgehead near de Groote along the Eindhoven road, and within one hour they were reported to be two miles inside Holland.

The attack was preceded by an artillery barrage against the enemy positions round the bridgehead.—*Exchange.*

### Germans Not Told

Berlin has yet to tell Germany of the airborne attack on Holland.

## London Alert in Dim-out

Londoners relaxed a little from the war last night and prepared to enjoy the dim-out, but it was not long before an Alert sounded—believed to be due to a flying-bomb warning.

Millions of people either switched off their lights or scrambled to replace the black-out. The "All Clear" went a few minutes later.

When the Alert sounded police and wardens had a busy time warning people to black-out their houses.

**Lights On—and Off, with Pictures.—Page THREE.**

### Brussels Cheers for 'Monty'

BRUSSELS, Sunday.—Field-Marshal Montgomery attended a large church parade at Christ Church, in Brussels, this morning.

Crowds lined the streets to give the British C.-in-C. a tremendous welcome as he drove away from the church.—*Reuter.*

### Germans Raid Rome

ROME, Sunday.—German planes raided Rome for the first time in strength to-day, dropping bombs in the outskirts. U.S. fighters pursued them.—*B.U.P.*

### *RAF GO OUT AGAIN*

Strong formations of R.A.F. bombers began to cross the east coast at nightfall last night, heading east.

## Patrol of 18 Men 'Capture' 20,000

### *'Mock Battle' Offer*

From **PAUL BEWSHER,**
Daily Mail Special Correspondent

PARIS, Sunday.

**TWENTY THOUSAND Germans surrendered near Orleans on the River Loire to-day after their commander, Major-General Elster had offered to fight a "mock battle" with two American battalions to salve his honour.**

It was the strangest mass surrender of the war. A few miles behind the general were 20,000 heavily armed Germans in one large group anxiously awaiting to be taken into captivity.

### No Nonsense

For three weeks they had been wearily making their way northwards from the Spanish border and the Bay of Biscay coast, constantly harried on their flanks by men of the Maquis, and attacked from above by Allied aircraft.

Standing with the senior American officers at the bridge was 24-years-old Lieutenant Sam Magill, of Ashtabuls, Ohio, who brought about this surrender.

With a small reconnaissance patrol of 18 men he went into country occupied by this slow-moving army and heard from the Maquis that the German commander, Major-General Erich Elster, wanted to surrender to the Americans and not to the Maquis only. But he insisted that he would yield up his army to a large enough force to make it an honourable surrender.

Without revealing that he had only 18 men under his command, young Magill sent two interpreters to meet General Elster. The German commander then made the fantastic but characteristically German suggestion that he should fight a "token battle" to salve his honour.

"I will fight two American battalions in the area of Decize, provided that the Allied air forces do

"After the battle I will surrender what is left of my 20,000 men and all their equipment."

### Call for Planes

Magill dealt with this absurd proposal in a very prompt practical manner. He sent back a blunt message that there would be no token battle to salve German honour but that he was prepared to meet him at a specified time and place.

Then the young lieutenant sent back a message asking that a strong force of Allied aircraft should appear above the crossroads where he was meeting the general.

The German commander said he would march to the rendezvous slowly "as we have much horse transport."

He also said: "As we are always being attacked by the Maquis on our flanks, may we retain our arms?"

This was agreed only if the Germans fired in self-defence, and the Maquis agreed to hold off.

## Monty Calls: *ONWARD INTO GERMANY*

### *Asks 'How Long Can They Last?'*

**"THE triumphant cry now is 'Forward into Germany,'" said Field-Marshal Montgomery in a broadcast to his men last night.**

"What a change has come over the scene since I last spoke to you on August 21.

To-day the Seine is far behind us. The Allies have removed the enemy from practically the whole of France and Belgium, and we stand at the door of Germany.

"By the terrific energy of your advance northwards from the Seine, you brought quick relief to our families and loved ones in England by occupying the launching sites of the flying bombs.

"The total of prisoners captured is now nearly 400,000, and there are many more to be collected from those ports in Brittany and in the Pas de Calais that are still holding out.

"The enemy has suffered immense losses in men and material. It is becoming problematical how much longer he can continue the struggle.

"Such an historic march of events can seldom have taken place in such a short space of time. You have every reason to be very proud of what you have done.

"Let us say to each other: '*This was the Lord's doing and it is marvellous in our eyes.*'

"And now the Allies are closing in on Nazi Germany from the east, from the south, and from the west.

"The Nazi leaders have ordered the German people to defend their country to the last and dispute every inch of ground. But the great mass of the German people know that their situation is already hopeless and they will think more clearly on this subject as we advance deeper into their country.

"Whatever orders are issued in Germany, whatever action is taken on them, no human endeavour can now prevent the complete and utter defeat of the armed forces of Germany. Their fate is certain and their defeat will be absolute.

"The triumphant cry now is, 'Forward into Germany.' Good luck to you all and good hunting in Germany."

**Footnote:** Montgomery's reference to "the Lord's doing" is in Psalm 118, verse 23: "This is the Lord's doing. It is marvellous in our eyes."

### ITALY: '10 DIVISIONS ATTACKING'

**German radio states: "There are now 10 divisions attacking the German positions in the Adriatic sector of the Italian front in an all-out effort to break through into the Po plain."—Reuter.**

### THREE JAP SHIPS SUNK

**Three Japanese ships were destroyed and another beached in Allied air attacks on Celebes and Ceram, Netherlands East Indies, it is reported from Allied H.Q., New Guinea.—Reuter.**

beiden Panzerdivisionen der Waffen-SS, die – von der alliierten Aufklärung unbemerkt – nicht weit von Arnheim überholt worden sind, erweisen sich als die gefährlichsten Gegner der 1. Luftlande-Division.

Von Hitler erteilte Befehle setzen alles in Richtung auf Arnheim in Marsch, was gerade noch eine Waffe tragen kann. Unter diesem Aufgebot befindet sich sogar ein Bataillon, das ausschließlich aus Versehrten besteht und von einem einbeinigen Major auf Krücken ins Gefecht geführt wird.

Vierundzwanzig Stunden nach Beginn der Operation ›Market-Garden‹ hat sich die Garde-Panzerdivision mit den amerikanischen Luftlande-Truppen unter General Taylor vereinigt. Mit einem Tag Verspätung erreicht sie den Süden von Eindhoven, und ihr Marsch durch die Stadt wird durch jubelnde Einwohner aufgehalten. Die Truppen brauchen ganze vier Stunden, um im Norden wieder aus der Stadt herauszukommen.

Kurz darauf liegen sie bei Son fest, da die Deutschen gerade die Brücke gesprengt haben. Auch damit hat man nicht rechnen können. Glücklicherweise stellt sich bald heraus, daß die Brücke nur teilweise beschädigt ist, und sie wird notdürftig repariert. Bis schweres Brückengerät eintrifft, ist der Korridor bei Son für ›Market-Garden‹ ein schmaler Steg, den man nur im Gänsemarsch passieren kann.

Noch am 18. September weiß in England niemand, wie die Lage im Raum um Arnheim wirklich aussieht: Von den sechs am Sonntag gelandeten britischen Bataillonen hat sich nur ein Bataillon, nämlich das 2. unter Frost, bis zur Arnheimer Brücke, dem eigentlichen Ziel der Operation, durchschlagen können.

Der dichte Nebel über England macht die Entsendung weiterer Luftlande-Truppen unmöglich. Die bereits gelandeten Einheiten haben sich nach und nach um Oosterbeek zusammengezogen, in dessen Nähe auch das Hotel liegt, das Generalfeldmarschall Model als Hauptquartier gedient hat. Hier bilden sie eine Igelstellung, die sie ›Perimeter‹ nennen.

Am Nachmittag des 18. September ändern die Deutschen ihre Taktik: Von jetzt an beschießen sie Frosts Fallschirmjäger mit Phosphorgranaten, um sie in den Häusern am Nordende der Brücke auszuräuchern. Mit energischen Gegenmaßnahmen haben die Deutschen dieses Bataillon von der Division getrennt und führen nun stündlich frische Verstärkungen heran. Und von diesem Tag an ist die Schlacht um Arnheim in mehrere Brennpunkte aufgesplittert.

Am 18. September, bereits 24 Stunden nach Beginn des Unternehmens, sind die Engländer in Arnheim eingekreist, und ihr Befehlshaber General Urquhart, der als einziger die Lage meistern könnte, sitzt währenddessen hilflos auf einem Dachboden innerhalb der deutschen Linien.

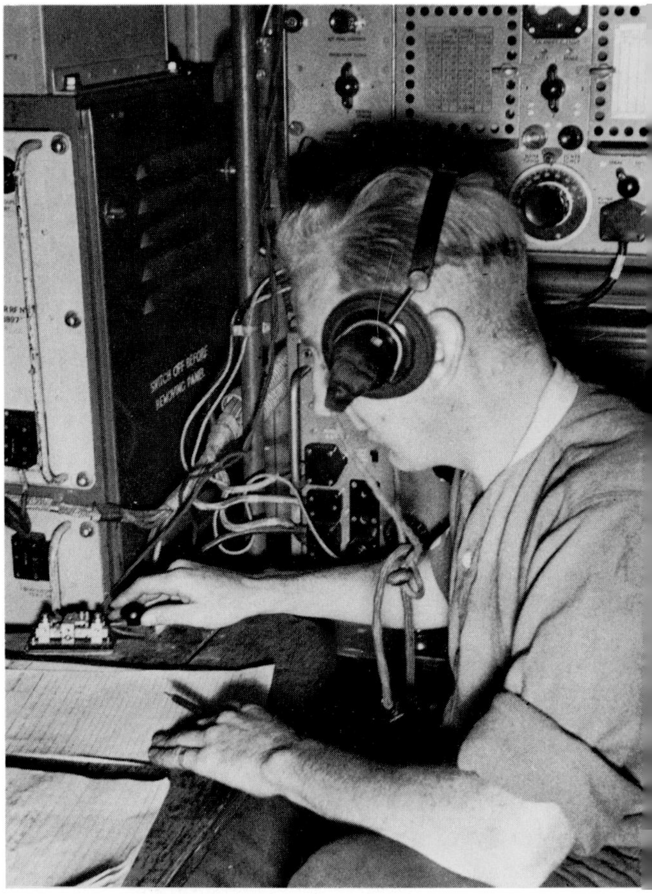

Oben links *Die Funkverbindung kommt nicht zustande*
Unten links *Brigadeführer Heinz Harmel*
Oben rechts *Nicht zu finden: Die Pontonbrücke*
Unten rechts *18. September 1944: 1. Zwarteweg 14, (Versteck von General Urquhart); vor dem Eckhaus sieht man den deutschen Panzer. 2. St.-Elisabeth-Hospital. 3. Rheinuferstraße, über die das Bataillon Frost zur Arnheimer Brücke gelangte.*

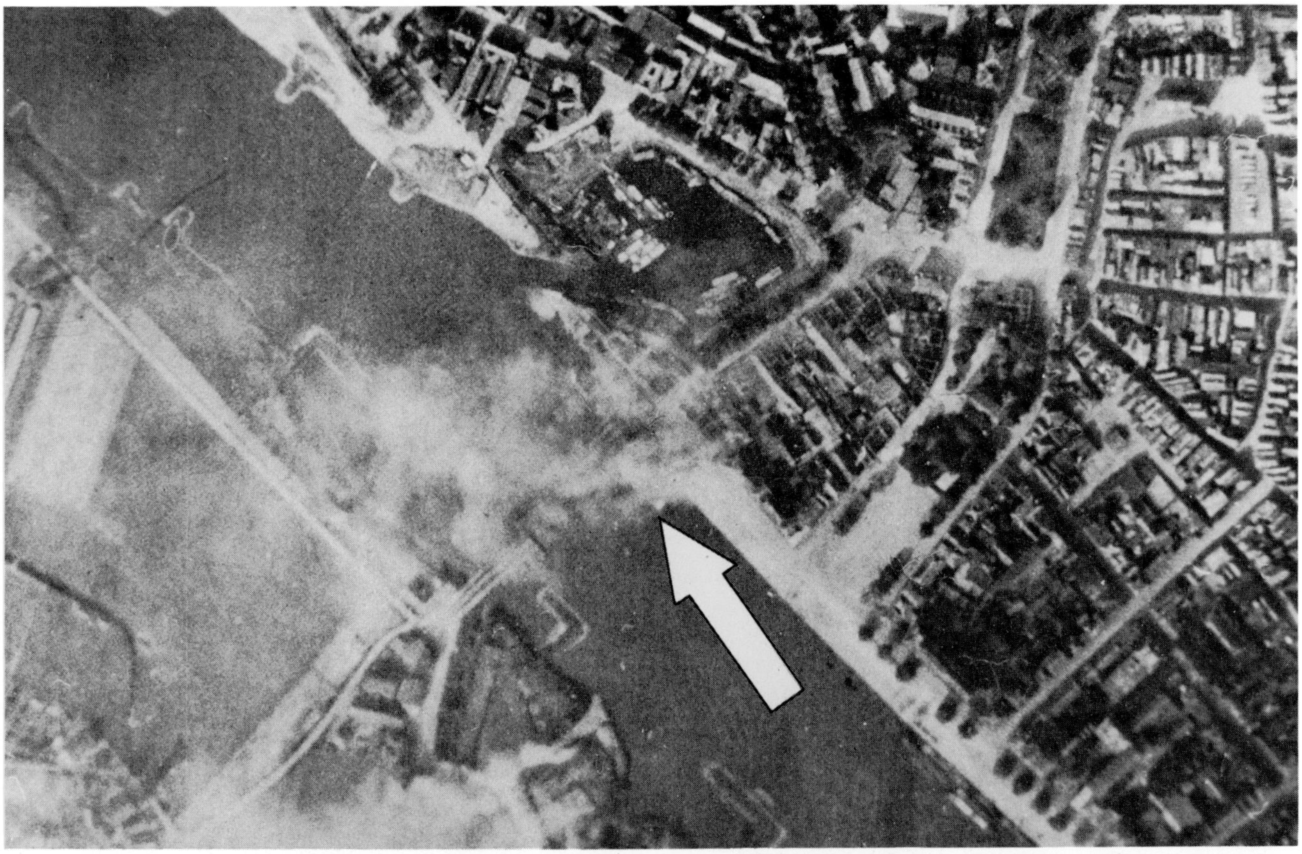

1
2
3

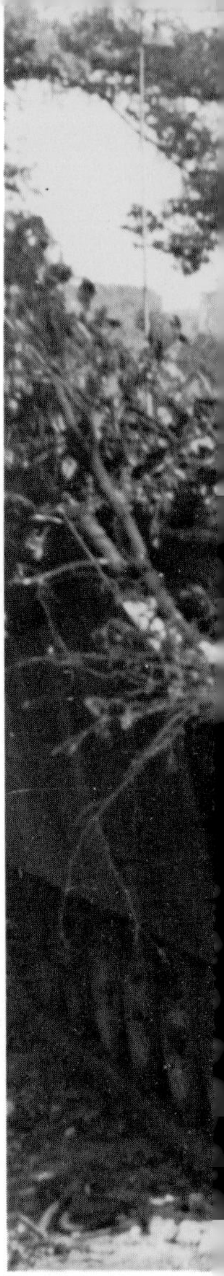

Oben links *Auch im Krieg wird verwaltet: Ein Stab im Grünen*
Oben rechts *Arnheim, Onderlangs: Sturmgeschütz 40-G*
Unten links *Obergruppenführer Wilhelm Bittrich*
Mitte unten *Die ersten Gefangenen auf dem Wege zum Tennisplatz beim Hotel ›Hartenstein‹*
Unten rechts *»Alles in Richtung Arnheim!« (Hitler)*

Oben links *Arnheim, Utrechtseweg nahe Oranjestraat: Nach dem Gefecht*
Oben rechts *19. September 1944 morgens: Wann kommen die nächsten?*
Unten links *Ein paar Minuten Pause*
Unten rechts *Mit Sack und Pack in Richtung Arnheim*

Oben links *England, 19. September 1944: Die dritte Welle*
Oben rechts *Nur etwa die Hälfte der 431 Lastensegler erreicht ihr Ziel: Eine US-Waco*
Unten rechts *Horsa Mk II*
Mitte links *In der Anflugschneise: 2-cm-Flak*
Mitte *Flak-Kanoniere*
Mitte unten *Vor Arnheim: Wann kommen sie endlich?*

Oben *US-Waco nach der Nasen-Landung: deutsche Souvenirjäger*
Unten *In der Waco-Pilotenkanzel: Ein deutscher Fallschirmjäger*

# Der dritte Tag

## 19. September 1944

### Die Alliierten berichten

Am Mittwoch, dem 20. September 1944, berichtet das Alliierte Headquarters (H.Q.) über die Ereignisse vom Vortage:

»2. Armee in der Nähe des Rheins. – 53-Meilen-Vorstoß innerhalb Hollands. – Panzer nähern sich Nimwegen. – Neue starke Luftlandungen gemeldet.

Die 2. britische Armee hat von der belgischen Grenze aus einen schnellen Vorstoß nach Holland hinein gemacht. Ihre vordersten Truppenteile standen letzte Nacht am Südufer des Rheins, nur drei Meilen von Nimwegen entfernt, in jener Gegend, in der unsere Luftlande-Armee gelandet war.

General Dempseys Männer schafften 53 Meilen in 48 Stunden. Von Eindhoven aus, das von der 2. Armee eingenommen worden war, rollten mächtige Panzer-Kolonnen 37 Meilen weit auf breiter Front vor und brachen jeden Widerstand.

Die Fortschritte der vergangenen Nacht wurden als ausgezeichnet bewertet. Neben Nimwegen waren Eindhoven und Arnheim, nördlich des Rheins, die anderen Hauptlandungsziele. Starke Luftlande-Truppen wurden gestern an noch nicht näher bezeichneter Stelle abgesetzt.

Die Deutschen behaupten, daß weitere Landungen in der Provinz Utrecht, näher an der Küste, unternommen worden seien.« (The Times, London, 20. 9. 1944)

»Letzten Berichten zufolge, die das Oberste H.Q. der Alliierten erreichten, hatten die ersten Panzer die Maas bei Grave, acht Meilen südwestlich von Nimwegen, überquert. Dort hatten die Luftlande-Streitkräfte die Hauptbrücke über den Fluß unbeschädigt genommen. Offiziell wurde bekanntgegeben, daß weitere starke Einheiten der Luftlande-Armee gestern in Holland abgesetzt worden sind; man kann annehmen, daß sie nicht nur die bereits kämpfenden Truppen verstärken, sondern auch in neue Abschnitte vorstoßen sollen.

Wie *Radio Berlin* meldet, gehört der Raum südlich der Zuidersee hierzu. Die Luftlande-Streitkräfte in Holland haben ihre Stellungen ausgebaut und alle feindlichen Angriffe abgewehrt. Das H.Q. der Luftlande-Armee steht in ständigem Funkkontakt mit allen ihm untergeordneten Einheiten, und alle Operationen verliefen bisher genau nach Plan. Gestern abend wurden die Erfolge von einem Stabsoffizier als ›ausgezeichnet‹ beschrieben.

Der 37-Meilen-Vormarsch der 2. Armee-Verbände von gestern und der 16-Meilen-Vorstoß, bei dem sie am Montag Eindhoven erreicht hatten, machen insgesamt 53 Meilen in 48 Stunden aus. An bestimmten Stellen vereinigten sich diese Verbände während ihres Vormarsches mit Luftlande-Einheiten, die Brücken und andere strategisch wichtige Punkte für die Panzer gesichert hatten. Auf ihrem Vorstoß trafen die britischen Panzerspitzen auf deutsche 8,8-cm-Flakgeschütze und Panzer vom Typ Panther, in Betonständen verschanzt. Britische Panzereinheiten nahmen mit ihnen den Kampf auf, während die anderen Truppen weiter vordrangen. Die Panzer fuhren ohne Halt durch Eindhoven und um die Stadt herum und überließen es den nachfolgenden Einheiten, die Stadt von feindlichem Widerstand freizukämpfen. Eine Panzerspitze rollte vier Meilen östlich um Eindhoven und zog dann weiter auf der Hauptstraße durch Geldrop. Den starken Widerstand in dieser Stadt schlugen sie nieder, so daß die nachfolgenden Einheiten aufrücken konnten. In Veghel, an einem Nebenfluß der Maas, bekamen die Panzerkräfte Verbindung mit weiteren Luftlande-Einheiten, die eine Brücke über den Fluß sicherten, und fuhren 15 Meilen bis nach Grave weiter, wo sie wiederum auf die anderen trafen. Bevor man Veghel erreicht hatte, traf ein Panzerverband, der die linke Flanke des Hauptvorstoßes sichern sollte, in Best auf den Feind und kämpfte dort den deutschen Widerstand nieder.

Es wurde bestätigt, daß Eindhoven, Nimwegen und Arnheim am nördlichen Arm des Rheindeltas, 10 Meilen von der Grenze entfernt, drei der Hauptoperationsräume sind, in denen Airborne am Sonntag gelandet ist. Die anderen Landungsgebiete sind immer noch unbekannt. Die Deutschen, die dem Rest der 2. Armee nördlich des Escaut-Kanals gegenüberstehen, sind nun durch den Vorstoß an den Rhein völlig abgeschnitten. Daß es sich dabei um erhebliche feindliche Kräfte handelt, beweisen am besten die ständigen Angriffe auf unseren Brückenkopf am Escaut-Kanal nördlich von Gheel.« (The Times, London, 20. 9. 1944)

»Hallo Brüssel, Hallo BBC in London. Hier spricht *Frank Gillard*

Hier ist Frank Gillard, Kriegsberichterstatter der BBC, mit einer Sondermeldung am 19. September 1944 aus Brüssel. Ich bringe gute Nachrichten von den heutigen Kämpfen in Holland. Ich möchte mich bei den Zuhörern in Brüssel und dem Sender für die Erlaubnis bedanken, das Programm unterbrechen zu dürfen, um Ihnen diese Nachrichten zu bringen, denn ich bin sicher, daß sie Ihr Interesse finden werden – es sind nämlich gute Nachrichten. Ferner möchte ich dafür danken, daß ich die Nachrichten auf diesem Wege zu den Hörern in England und in der ganzen Welt bringen kann.

Die 2. britische Armee ist wieder auf dem Vormarsch. Sie hat sich den Luftlande-Einheiten in der Nähe von Eindhoven angeschlossen und stößt jetzt zum Rhein vor. Gestern nachmittag fanden südlich von Eindhoven in einem kleinen Dorf namens Aalst heftige Kämpfe statt. Der Feind leistete oder versuchte vielmehr, Widerstand zu leisten. Unsere Infanterie stürmte die deutschen Stellungen und vertrieb den Feind aus seinen Bunkern, mit denen er die Straßen sperrte, und dann brachen unsere Panzer durch. Um 7 Uhr waren unsere Männer, von Süden her vorstoßend, in Eindhoven und schlossen sich den Fallschirmjägern an, die sich gegen Mittag von Norden her durchkämpften. Etwas früher am Nachmittag vereinigten sich die Streitkräfte der 2. Armee, die Eindhoven westlich umgangen hatten, bereits mit den Luftlandetruppen. Nun drängten die Panzer der 2. Armee nach vorn, um die Luftlande-Einheiten, die weiter nördlich gelandet waren, zu verstärken.

Am Wilhelmina-Kanal wurden sie zwar durch eine zerstörte Brücke aufgehalten, aber die Pioniere arbeiteten die ganze Nacht hindurch. Und bis gegen 5.30 Uhr heute morgen war eine neue Brücke fertig. Die 2. Armee fuhr über sie hinweg, und nun begann ein aufsehenerregender Vorstoß. Es war ein ›Express‹-Vorstoß durch Holland, und während dieses Vormarsches fand man immer wieder Verbindung zu den Luftlande-Truppen, die die Aktion vorbereitet und den Vorstoß durch die Einnahme von Brücken und Straßenkreuzungen erst ermöglicht hatten. In fünf Stunden – nur fünf Stunden! – war ein Vorstoß von fast 30 Meilen geschafft, und unsere Panzerkolonnen hatten einen Punkt erreicht, der nur drei Meilen von Nimwegen entfernt, am Ufer des Waals lag. Nun befanden sie sich nur noch sieben Meilen von den deutschen Befestigungslinien entfernt. Das ist eine unglaubliche Leistung; mit Sicherheit eine der großartigsten Leistungen des ganzen Krieges. Und was ist das Ergebnis? Die Luftlande-Truppen und die 2. Armee haben ganz Holland südlich des Rheins in zwei Hälften geschnitten. Wenn wir erst Nimwegen erreicht haben, wird sich jeder Deutsche, der sich westlich der neuen Linien befindet, seinen Weg durch unsere Linien erkämpfen müssen, wenn er zurück nach Deutschland will, oder er muß irgendwie im Norden über den Rhein zu entkommen versuchen. Das ist der Erfolg dieses erstaunlichen 30-Meilen-Vorstoßes. Sicherlich werden weitere gute Nachrichten folgen, denn der Spurt von General Dempseys Truppen, der alten Hasen der 2. Armee wie der grünen Neulinge unter den Luftlande-Truppen, ist durchaus noch nicht zu Ende.«

**BRITISH ARMOUR REACHES AIRBORNE TROOPS**

**REINFORCEMENTS POURED INTO HOLLAND**

**SECOND ARMY BEYOND EINDHOVEN**

**A BOULOGNE FORTRESS FALLS TO CANADIANS**

Airborne troops and supplies were still being poured into Holland yesterday, and the First Airborne Army has gained its initial objectives and taken prisoners.

The first advanced armoured patrols of the British Second Army driving north from the Belgian border have established contact with the airborne forces. The Second Army, by-passing Eindhoven, has advanced 15 miles in just over 24 hours.

In the fight for Boulogne the fortress of Mont Lambert surrendered yesterday to the Canadians, who now hold most of the town east of the river. On the American Third Army front General Patton's tanks are 18 miles beyond Nancy.

Oben links *Ausschnitt aus der Times vom 19. September 1944*

Oben rechts *9. September 1944, Arnheim: Harter Kampf zwischen Eisenbahnlinie und Niederrhein*

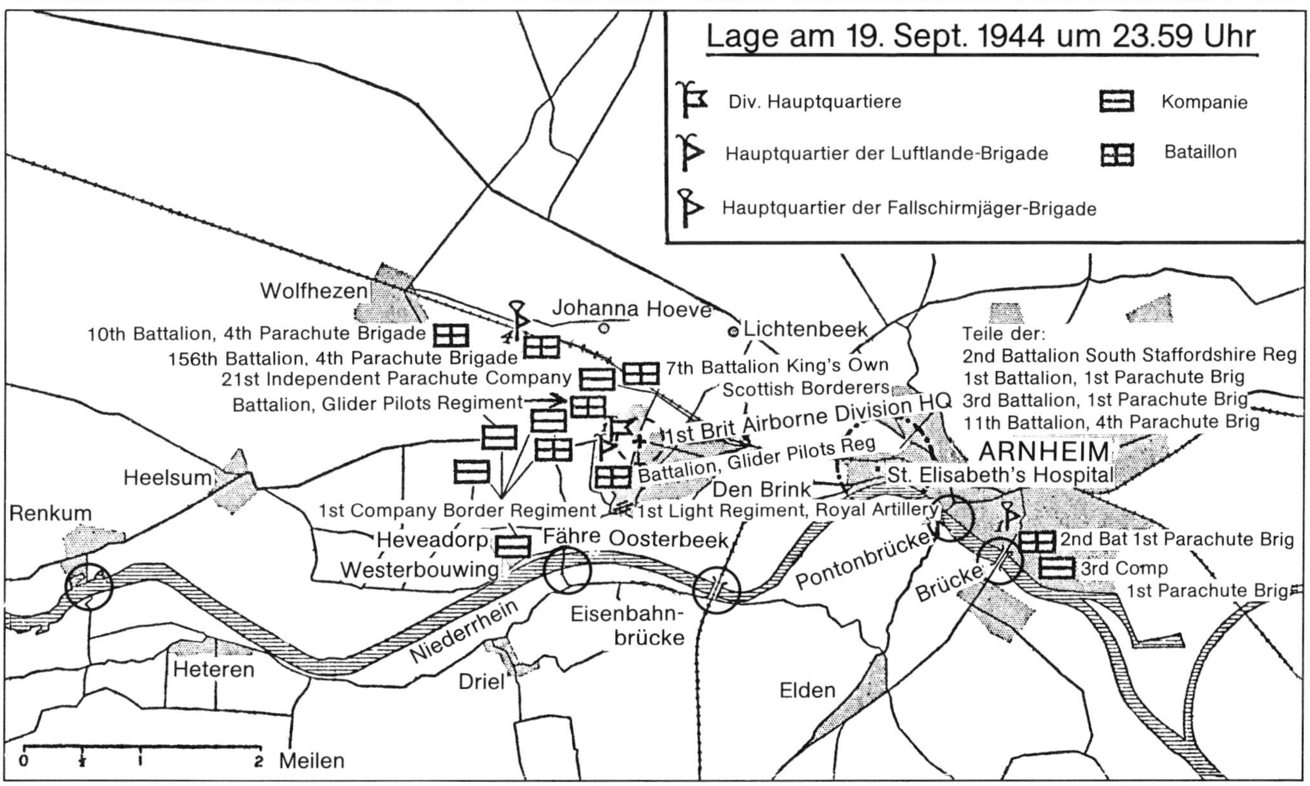

Lage am 19. Sept. 1944 um 23.59 Uhr
Div. Hauptquartiere
Kompanie
Hauptquartier der Luftlande-Brigade
Bataillon
Hauptquartier der Fallschirmjäger-Brigade
Wolfhezen
Johanna Hoeve
Lichtenbeek
10th Battalion, 4th Parachute Brigade
156th Battalion, 4th Parachute Brigade
21st Independent Parachute Company
7th Battalion King's Own Scottish Borderers
Battalion, Glider Pilots Regiment
1st Brit Airborne Division HQ
Battalion, Glider Pilots Reg
Den Brink
St. Elisabeth's Hospital
ARNHEIM
Teile der:
2nd Battalion South Staffordshire Reg
1st Battalion, 1st Parachute Brig
3rd Battalion, 1st Parachute Brig
11th Battalion, 4th Parachute Brig
Heelsum
Renkum
1st Company Border Regiment
1st Light Regiment, Royal Artillery
Heveadorp
Westerbouwing
Fähre Oosterbeek
Pontonbrücke
Brücke
2nd Bat 1st Parachute Brig
3rd Comp 1st Parachute Brig
Niederrhein
Eisenbahn-brücke
Heteren
Driel
Elden
0 1/2 1 2 Meilen

## Die Deutschen berichten

Am 20. September 1944 gibt das Oberkommando der Wehrmacht zu den Ereignissen des Vortages bekannt:

»In Mittel-Holland wurde der aus der Luft gelandete Feind im Raum Arnheim durch konzentrische Angriffe weiter eingeengt. Gut unterstützt durch eigene Jagdverbände, fügten unsere Truppen dem Gegner schwere Verluste an Menschen und Material zu. Bisher wurden über 1700 Gefangene eingebracht. Aus dem Raum Eindhoven stieß der Feind mit Panzern nach Nordosten vor. Eigene Truppen traten auch hier zum Gegenangriff an. Nordwestlich Aachen konnte der Gegner unter starkem Panzereinsatz seinen Einbruch erweitern. Nordöstlich der Stadt wurden alle Angriffe zum Teil unter hohen Verlusten für den Gegner abgewiesen. Im Raum Nancy-Lunéville halten die schweren Kämpfe an. Nancy ging verloren, in Lunéville wird erbittert gekämpft. An den übrigen Frontabschnitten nur örtliche Kampfhandlungen.«

## Und so war es

Im Weinkeller von ›Hartenstein‹, dem H.Q. der 1. Luftlande-Division und sichersten Versteck vor dem pausenlosen deutschen Feuer, streiten sich die Brigadiers Hackett und Hicks über die Frage, wer von ihnen die Division zu befehligen habe, denn Hicks hat zwar schon das Kommando übernommen, Hackett aber ist der Dienstältere.

Am 19. September, um vier Uhr früh im Morgengrauen, rücken das 11. Bataillon (Lea) und das 2. Bataillon (Staffordshire-McCardie) zwischen St.-Elisabeth-Hospital und Arnheimer Stadtmuseum zu neuem Angriff vor. Ohne panzerbrechende Waffen und Artillerie sind die Engländer bald aufgerieben. Der Vorstoß ist zwar gescheitert, bleibt aber dennoch nicht ganz erfolglos: Sie treffen auf den Zwarteweg, vertreiben den dort parkenden deutschen Schützenpanzer, und endlich kann ihr Befehlshaber, Major-General Urquhart, der zwei Tage lang von Bonbons gelebt hat, den niedrigen Dachboden des Reihenhauses verlassen.

Es ist genau 7.15 Uhr am 19. September, als im Hauptquartier der 1. britischen Luftlande-Division ein Mann auftaucht, mit dessen Erscheinen niemand mehr gerechnet hat: Major-General Urquhart.

Eine seiner ersten Handlungen: Jetzt soll der Angriff des 11. Bataillons (Lea) endlich mit dem des 2. Bataillon (McCardie) koordiniert werden. Mit einem entsprechenden Auftrag schickt Urquhart Colonel Barlow, den Stellvertreter von Hicks, auf den Weg. Barlow jedoch wird nie ankommen. Er bleibt verschollen – sein Leichnam wird nie gefunden.

Während Frosts Bataillon an der Brücke verzweifelt gegen einen immer stärker werdenden Feind kämpft, schließt sich der deutsche Ring um den Rest der Division. Das 10. Bataillon, das den Nordflügel von Hacketts Stellung bildet, bleibt den ganzen Dienstagmorgen und am Nachmittag unter Feuer von Granatwerfern, Panzern und Geschützen. Von den ursprünglich 18 besetzten Häusern halten Frosts Leute noch zehn. Über 200 Mann halten sich



Oben links *General-Major Robert E. Urquhart vor dem Hotel ›Hartenstein‹*
Oben rechts *Oosterbeek: Ein britisches 75-mm-Feldgeschütz in Feuerstellung*
Unten links *Deutsche Kriegsgefangene beim Kochen im Park des Hotels ›Hartenstein‹*
Unten rechts *Arnheim, Boulevard Heuvelink, Ecke Johan de Wittlaan: 2-cm-Flak*

schließlich noch neben der Brücke, wo sie das mörderische Feuer der Deutschen nicht erreichen kann, und von wo aus sie noch straff geführte Gegenstöße unternehmen.

Schon ab heute haben sie keine Verpflegung mehr, und das Wasser haben ihnen die Deutschen abgestellt. So versorgen sie sich mit Obst und Vorräten, die sie in den umliegenden Häusern finden. Nachdem der Versuch der Deutschen, Frost zur Übergabe zu bewegen, gescheitert ist, befiehlt Brigadeführer Harmel seinen Artilleristen und Panzerkanonieren, jedes einzelne von englischen Fallschirmjägern besetzte Haus systematisch zu zerstören. »Wenn die Engländer aus ihren Löchern nicht rauskommen wollen, müssen wir sie eben ausräuchern. Jetzt wird jedes einzelne Haus vom Dachboden bis zum Erdgeschoß Meter für Meter zusammengeschossen, bis nichts mehr steht!«

Obwohl für den Nachmittag wolkenloser Himmel vorhergesagt ist, verschlechtert sich das Wetter bereits beim Start. Tief hängen die Wolken im südlichen Luftkorridor über dem Ärmelkanal. Kaum gestartet, befindet sich die dritte Welle der Operation ›Market-Garden‹ bereits in ersten Schwierigkeiten: Die Lastensegler, deren Piloten nicht einmal die Schleppmaschinen vor sich erkennen können, müssen ausklinken und in England notlanden oder auf dem Ärmelkanal niedergehen. Ganze Gruppen sehen sich gezwungen, kehrtzumachen, und die Jagdgeschwader, die in der dichten Wolkendecke keine Ziele ausmachen können, müssen unverrichteter Dinge umkehren. Nur etwa die Hälfte der 655 Truppentransporter und 431 Lastensegler erreicht ihr Ziel. Auch der für Dienstag, den 19. September, vorgesehene Abflug der polnischen Fallschirmjäger-Brigade, mit dem Urquhart fest gerechnet hat, muß auf Mittwoch verschoben werden. Ebenso zerschlägt sich die Hoffnung auf ausreichende Versorgung: Die für den Nachschub vorgesehenen Abwurfräume befinden sich nämlich längst in Feindes Hand. Am Boden unternimmt man alles erdenkliche, um die Piloten der 163 Transportmaschinen auf dicht an das Hotel ›Hartenstein‹ grenzende Plätze aufmerksam zu machen. Die in Oosterbeek Eingekesselten bitten per Funk darum, die Container in der Nähe des Divisionsstabes abzuwerfen, die Transportmaschinen jedoch entladen ungeachtet dessen im Tiefflug ihre Behälter über den falschen Abwurfzonen.

Bereits am ersten Tag der Operation ist ein britischer Offizier gefangengenommen worden, der Anweisungen für die Bodenmarkierung durch Fliegertuchzeichen und die Anwendung von Rauchsignalen und Leuchtmunition in den Abwurfzonen bei sich trug: Und so erreicht nur ein kleiner Prozentsatz des Nachschubs jene, für die er gedacht ist – alles andere fällt in die Hände der Deutschen, die inzwischen nicht nur die Abwurfzonen besetzt haben, sondern sich auch der Markierungssignale zu bedienen wissen.

Dies ist um so tragischer, als die Piloten der britischen Versorgungsmaschinen ihre Aufgabe mit größtem Eifer und Pflichtbewußtsein erfüllen, indem sie tief über den Abwurfzonen kreisen, die mit Flakgeschützen geradezu gespickt sind, und erhebliche Verluste erleiden. Die erschöpften Truppen der Luftlande-Division müssen tatenlos mit ansehen, wie ein Geschwader von 35 Stirlingbombern die Container außerhalb der von ihnen noch besetzten Zonen abwirft. Nur 12 von 87 Tonnen Munition, Verpflegung und sonstigem Nachschub erreichen die Truppen im Perimeter. Alles andere geht auf der deutschen Seite nieder.

Oben links *Arnheim, Boulevard Heuvelink, Ecke Johan de Wittlaan: Flak-Kanoniere*
Oben rechts *Der Vorstoß ist gescheitert: Auf dem Wege in die Gefangenschaft*
Mitte unten *Am Velperplein*
Unten rechts *Nachtegaalspad*

In dieser kritischen Lage, als die Hoffnung auf Versorgung und Luftunterstützung sich zerschlägt und die Bodentruppen die verzweifelt kämpfende Luftlande-Division nicht erreichen können, liegt sozusagen in Rufweite ein Kampfgenosse, der höchstwahrscheinlich einen völligen Umschwung bringen könnte: der disziplinierte, mutige und recht gut bewaffnete holländische Widerstand. »Aber niemand wollte uns«, berichten sie später. Und als eine der Gruppen – angesichts der tragischen Situation des Colonel Frost – nur darauf wartet, den Fallschirmspringern an der Brücke zu Hilfe zu kommen, will man davon nichts wissen.

Es ist nicht ausgeschlossen, daß die englischen Befehlshaber eine vertrauliche Anweisung hatten, die holländischen Widerstandskämpfer sich nicht in die Kämpfe bei der Operation ›Market-Garden‹ einmischen zu lassen.

Anders sieht dieses Problem bei der gelandeten 101.

und der 82. US-Division aus. Die beiden Generäle Taylor und Gavin befehlen als erstes, unter den Widerstandskämpfern uneingeschränkt Sprengstoff und Ausrüstung zu verteilen. Und die Holländer kämpfen erfolgreich Arm in Arm mit den Amerikanern.

Der erste Hinweis im alliierten Oberkommando auf die schwere Lage der 1. Luftlande-Division, da aus dem Raum Arnheim überhaupt keine Nachrichten kommen, ist eine Telefonmeldung, in der der Stab der 82. US-Luftlande-Division von einem unbekannten holländischen Widerstandskämpfer alarmiert wird, die Engländer befänden sich in Arnheim in der Gefahr, von deutschen Panzerkräften überwältigt zu werden.

Am 19. September wird das Wetter so schlecht, daß weitere Fallschirmabsprünge nicht mehr möglich sind. Aus dem Reichswald heraus unternommene deutsche Gegenangriffe können auf dem Groesbeek mit Mühe und Not durch die Alliierten abgefangen werden, und am Abend vereinigt sich die Garde-Division in Nimwegen mit der 82. Luftlande-Division. Zwei Drittel der Strecke nach Arnheim waren damit zurückgelegt, aber die Brücke über den Waal, inzwischen von 500 Mann der Waffen-SS verteidigt, versperrt immer noch den Weg. Alle Versuche einer Umgehung über den Huner Park, zwischen der Brücke und Nimwegen, werden vereitelt. Ein neuer Angriff ist für den nächsten Tag, den 20. September, vorgesehen. Und als Henri Knap, der Chef des Nachrichtendienstes der Widerständler im Raum Arnheim, von Meldungen seiner Agenten aufgeschreckt, trotz der erheblichen Gefahr zum Telefon greift, um die nichtsahnenden Engländer zu benachrichtigen, daß ein Panzerverband, darunter auch einige Tiger, in Richtung Oosterbeek und Arnheim rolle, läßt ihn der Diensthabende am anderen Ende der Leitung minutenlang hängen und teilt schließlich mit: »Der Captain glaubt nicht, daß diese Meldung zutrifft – er hat schon eine ganze Menge ähnlicher Märchen zu hören bekommen.«

Kein Mensch in England weiß, was eigentlich in Arnheim vor sich geht, da es keine Funkverbindung zur 1. englischen Luftlande-Division gibt. Man nimmt jedoch an, der nördliche Zugang zur Brücke sei fest in englischer Hand. Daß die Männer in Arnheim sich in einer so kritischen Lage befinden, wird in offiziellen Bekanntmachungen, selbst aus Eisenhowers Hauptquartier, nicht einmal angedeutet. Statt dessen läßt man weiter verlauten, alles gehe planmäßig voran. Selbst an diesem Tag weiß Browning noch nicht, daß zwei deutsche Panzerdivisionen im Abschnitt von Urquharts Luftlande-Truppen stehen.

Der 19. September ist ein Wendepunkt: Bei dem Versuch, zu Frost durchzukommen, sind drei Bataillone aufgerieben worden, die Versorgungswürfe sind fehlgegangen, und die polnische Fallschirmjäger-Brigade ist ausgeblieben.

Oben links *Arnheim, Onderlangs: Nach dem Kampf im Stadtzentrum*
Unten links *Arnheim: In England weiß kein Mensch…*
Rechts *Arnheim, Utrechtsestraat: Tote Engländer*

Oben und unten links *Die 2. britische Armee hat einen Panzerkorridor errichtet: Die Sherman-Panzer auf dem Marsch*
Unten rechts *Der Kriegsberichterstatter Sergeant Lewis (AFPU)*

# Der vierte Tag

## 20. September 1944

### Die Alliierten berichten

Am Donnerstag, dem 21. September 1944, berichtet das Alliierte Headquarters (H.Q.) über die Ereignisse vom Vortage:

»Die Briten erreichen den Rhein. – Heftige Kämpfe um die Brücke von Nimwegen. – Die Polen errichten neue Front an der Schelde. – Einnahme von Boulogne.

Panzer-Streitkräfte der 2. britischen Armee erreichten letzte Nacht das Südufer des Waal (holländischer Name für den Rhein) in Nimwegen. Der Panzer-Korridor, der in Holland errichtet worden ist, wird an den Flanken erneut angegriffen, dennoch können unsere Streitkräfte im Gebiet von Nimwegen neue Stellungen beziehen.

Polnische Einheiten und die kanadische Armee haben die Schelde auf einer sechs Meilen breiten Front erreicht.

Gestern abend wurde gemeldet, daß die Stadt Boulogne nun in unserer Hand ist.« (The Times, London, 21. 9. 1944)

»Die Kämpfe in Holland laufen an vielen Stellen auf Hochtouren. Am heftigsten aber in Nimwegen und Arnheim. In Arnheim werden die Luftlande-Truppen noch nicht von der 2. britischen Armee unterstützt, deren vordere Panzereinheiten nach Berichten vom gestrigen Abend immer noch um die Brücke von Nimwegen kämpfen. Die 2. britische Armee hat einen Panzerkorridor durch Holland bis an die Ufer des Waal bei Nimwegen errichtet. Dieser Korridor ist inzwischen bis nach Duizel und Wilreit, etwa 10 Meilen südwestlich von Eindhoven, ausgedehnt worden. Zusammen mit Geldrop, östlich von Eindhoven, erreicht er somit an seiner breitesten Stelle eine Ausdehnung von ungefähr 15 Meilen.

Trotz des schlechten Wetters wurden gestern weitere Versorgungsgüter für die Luftlande-Armee eingeflogen, die nach wie vor tapfer kämpft und die Lage weiterhin beherrscht. Kein feindlicher Gegenangriff hat sie bis jetzt aus ihren Stellungen zurückdrängen können, auch war der Feind bisher nicht in der Lage, einen entscheidenden Gegenangriff gegen die Luftlande-Armee und General Dempseys Panzerkolonnen zu unternehmen. Luftlande- und Panzereinheiten sind überall an den beiden Flanken des Korridors in Stellung gegangen, um die Vorstöße des Feindes abzuwehren, die den Durchbruch zum Ziel haben. Die Streitkräfte der 2. britischen Armee westlich dieses Korridors versuchen, weiter vorzudringen. Sie sind von ihrem Brückenkopf am Escaut-Kanal, nördlich von Lommel, aus in nördlicher Richtung nach Grootbosch, drei oder vier Meilen innerhalb des holländischen Gebietes, vorgedrungen. Sie drücken eine deutsche Streitmacht vor sich her, deren Stärke auf 100 000 Mann geschätzt wird. Das Wetter, das während der ersten zwei Tage der Schlacht von Holland auf unserer Seite war, änderte sich gestern schlagartig zugunsten des Feindes, wie das zuvor auch in der Normandie der Fall war. Es herrschten starker Regen und Bodennebel; niedrige Wolken hingen über Holland, und deshalb ist es unwahrscheinlich, daß gestern irgendwelche Luftlandeverstärkungen für die Schlacht herangeführt werden konnten.« (The Times, London, 21. 9. 1944)

## Die Deutschen berichten

Am 21. September 1944 gibt das Oberkommando der Wehrmacht zu den Ereignissen des Vortages bekannt:

»In Mittel-Holland wurde die erste englische Luftlande-Division im Raum Arnheim trotz weiterer Verstärkungen aus der Luft zum größten Teil vernichtet, der Rest auf engem Raum zusammengedrängt. Bisher 2800 Gefangene, darunter der Divisionskommandeur. Bei Nimwegen stehen eigene Truppen in schweren Kämpfen mit dem aus dem Raum Eindhoven mit Panzerkräften angreifenden Feind. Südlich der Scheldemündung gelang dem Feind ein örtlicher Einbruch.

Im Raum Aachen wurden gestern die starken Angriffe des Feindes überall abgewiesen und nordöstlich der Stadt in Gegenangriffen eine Frontlücke geschlossen. Bei diesen Kämpfen wurden im Abschnitt einer Division in drei Tagen 47 feindliche Panzer abgeschossen. In mehrtägigen Kämpfen gelang es, den feindlichen Brückenkopf über die Sauer nordöstlich Echternach bis auf geringe Reste zu zerschlagen.«

Die im OKW-Bericht erwähnte Gefangennahme des Divisionskommandeurs im Raum Arnheim, mit dem offenbar General Urquhart gemeint ist, entspricht, wie wir wissen, nicht den Tatsachen.

Radio Berlin sendete gestern am späten Abend folgende Meldung des deutschen Oberkommandos:

»Im Gebiet von Arnheim sind durch gesprengte Brükken Einheiten der 1. britischen Luftlande-Division in ihren Bewegungen behindert worden. Die Kämpfe zwischen Eindhoven und Nimwegen haben ihren Höhepunkt erreicht. In Nimwegen finden heftige Straßen- und Häuserkämpfe statt. Die feindlichen Fallschirmjäger und Luftlande-Truppen hielten beharrlich weiter durch, in der Hoffnung, von Einheiten der 2. britischen Armee, die nordöstlich von Eindhoven vormarschiert, unterstützt zu werden.«

## Und so war es

In den Morgenstunden des 20. September erfährt die 1. polnische selbständige Fallschirmjäger-Brigade (Sosabowski), daß sie nicht an der vorgesehenen Stelle, sondern in der Nähe von Driel, mehrere Kilometer weiter westlich, abspringen soll. Ihre Landung über Elden am Südübergang der Arnheimer Brücke, an deren Nordende sich Frost in verzweifeltem Kampf befindet, ist tagelang genauestens vorbereitet worden.

Seit zwei Tagen und Nächten steht die Brigade auf den Abflugplätzen an den Maschinen, da ihr Start immer wieder verschoben worden ist. In drei Stunden sollen sie nach Holland starten, und in diesen knappen drei Stunden müssen die Polen den Operationsplan für einen Einsatz in eine ihnen völlig unbekannte Gegend fertigstellen.

Als dann endlich die neuen Pläne ausgearbeitet sind, General Sosabowski die vorderste Dakota Nr. 100 besteigt und die Brigade zum Start rollt, werden sie wegen des Wetters wieder gestoppt – vorläufig bis zum nächsten Tag,

**SECOND ARMY NEAR THE RHINE**

**53-MILE ADVANCE ACROSS HOLLAND**

**ARMOUR CLOSING ON NIJMEGEN**

**BIG NEW AIRBORNE FORCE LANDED**

The British Second Army has made a swift advance across Holland from the Belgian border, and advanced elements were last night three miles from Nijmegen, on the south bank of the Rhine, one of the areas where the Airborne Army had landed.

General Dempsey's men advanced 53 miles in 48 hours. From Eindhoven, which has been captured by the Second Army, powerful armoured columns drove 37 miles on parallel routes, breaking through all opposition.

Progress of the Airborne Army was described last night as excellent. As well as Nijmegen, the other main landing areas were Eindhoven and Arnhem, north of the Rhine. More strong forces were landed by air yesterday at unspecified points.

The Germans say that more landings have been made in the province of Utrecht, nearer the coast.

Oben links *Bericht in der Times vom 20. 9. 1944*
Unten links *Polnische Fallschirmjäger warten auf den Start*
Rechts *Die Arnheimer Brücke: Auf der Fahrbahn die zusammengeschossene Aufklärungsabteilung von Hauptsturmführer Gräbner*

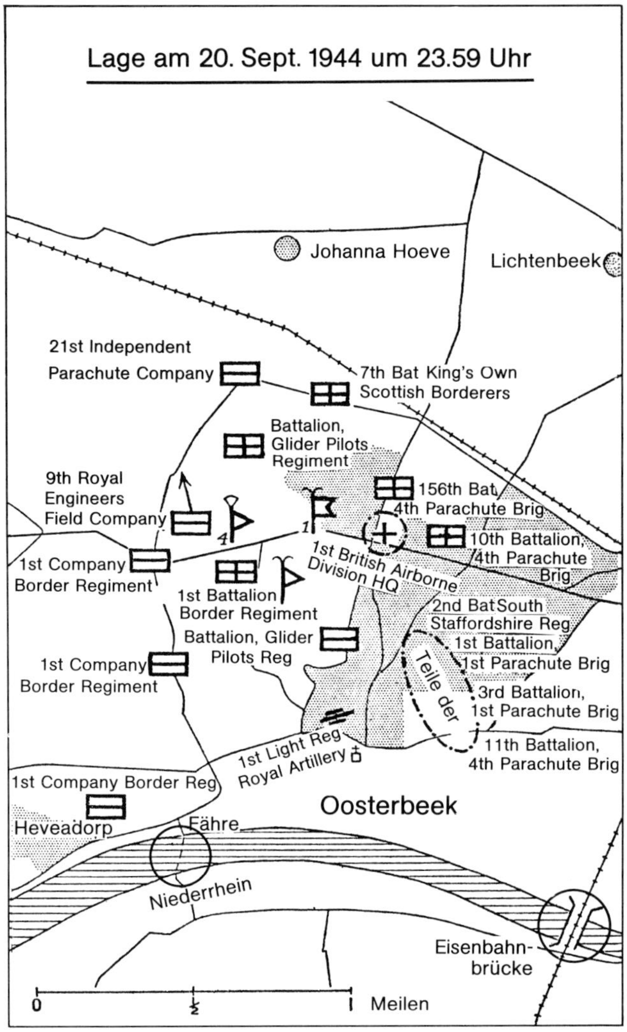


Donnerstag, den 21. September, 13.00 Uhr. Am Mittwochabend, also mehr als 72 Stunden nach den ersten Landungen, beziehen die Reste der britischen Truppen im Perimeter beim Hotel ›Hartenstein‹ in Oosterbeek Stellung für ihren letzten Kampf. Von den vier Bataillonen, die sich zur Arnheimer Brücke haben durchkämpfen wollen, sind nur noch kleine Gruppen völlig erschöpfter Männer übriggeblieben, und Hacketts 4. Fallschirmjäger-Brigade hat die englischen Linien nur unter schweren Verlusten erreichen können. Ein immer enger werdender Ring der Deutschen schließt sich um das Perimeter, während Frosts 2. Bataillon etwa vier Meilen weiter östlich immer noch an der Arnheimer Brücke kämpft.

Die Nacht zum Mittwoch ist an der Rheinbrücke verhältnismäßig ruhig verlaufen. Frost hat Spähtrupps ausgesandt, aber der Absperriegel der Deutschen ist nicht zu durchbrechen. Brennende Gebäude und Kirchen machen die Nacht zum Tage. Selbst Flugzeuge werden eingesetzt, um die zähen Verteidiger zu vertreiben. Dabei streift eine Me 109 den nahegelegenen Kirchturm und stürzt ab. An drei Seiten sind die Engländer von brennenden Gebäuden umgeben. Sie sind fast ohne Munition. Die Überlebenden des Bataillons wurden in kleine Einheiten aufgeteilt, die

Mitte oben *Nimwegen: Die hartnäckig verteidigte Brücke*
Oben rechts *Nach dem Kampf: Ein Priester bei einem schwerverwundeten Deutschen*
Mitte unten *Britische Cromwell-Panzer: Kein Marschbefehl*
Unten rechts *Englische Pioniere, deutscher Sprengstoff: Die unversehrte Brücke in englischer Hand*

unabhängig voneinander versuchen sollen, aus der Stadt herauszukommen.

Frosts Männer wissen nicht, daß sich der übrige Teil der Division im Perimeter ebenfalls in Schwierigkeiten befindet. Die einzige Hoffnung: ein schneller Vorstoß des britischen XXX. Korps von Süden her, um dem Bataillon am Nordende der Brücke zu Hilfe zu kommen. Laut Plan soll die 1. britische Luftlande-Division die Brücke nur 24 Stunden lang halten, denn in dieser Zeit soll das XXX. Korps von Süden vorstoßen. Doch von der gesamten 1. Luftlande-Division haben lediglich Frosts 2. Bataillon und andere kleine Gruppen das Ziel erreicht. Und ihnen gelingt es, die Brücke dreimal so lange zu halten.

Diese hartnäckige Verteidigung der Brücke führt dazu, daß die ursprüngliche Absicht des II. SS-Panzerkorps, im Gebiet Nimwegen eine Entscheidung zu erzwingen, nicht durchzuführen ist. Der Einsatz der britischen Fallschirmjäger an der Arnheimer Brücke verhindert den Vorstoß der 10. SS-Panzerdivision (Harmel) von Arnheim nach Nimwegen. Die ganze Zeit über hatten sie es den Deutschen unmöglich gemacht, die Brücke für den Transport von Nachschub zu benutzen, den diese weiter südlich brauchten, um sich dem Vormarsch der Garde-Division auf der Straße in Richtung Arnheim entgegenzustellen.

Trotz des Versagens jeglicher Funkverbindung – man weiß nichts von den beiden völlig intakten holländischen Telefonnetzen im Bereich der gesamten Provinz Gelderland – erklärt man, als der holländische Widerstand einen britischen Offizier auf die Möglichkeit, das öffentliche Telefonnetz zu benutzen, aufmerksam macht, »die Funkgeräte der Luftlande-Truppen reichten völlig aus«.

Das Fernsprechamt in Arnheim wird allerdings von den Deutschen kontrolliert, die fast alle privaten Anschlüsse stillgelegt haben. Die örtlichen Widerstandsführer haben jedoch die Bedeutung dieses Netzes beizeiten erkannt und im Fernsprechamt vertrauenswürdige holländische Telefonistinnen sitzen. Neben diesem öffentlichen Fernsprechnetz existiert noch ein interner Telefondienst der Kraftwerke der Provinz Gelderland (PGEM). Jede Transformatorstation in der Provinz ist diesem Netz angeschlossen, das seinerseits mit den entsprechenden Telefondiensten der übrigen holländischen Provinzen verbunden ist. Von hier aus kann man sich über eine Geheimnummer jederzeit in das öffentliche Telefonnetz einschalten.

Die Deutschen erkennen jedoch sehr wohl den Nutzen dieser Anlagen. Denn in einem Bericht der Division ›Hohenstaufen‹ heißt es: »Es war ein Vorteil für unser Kommando, daß in Holland, insbesondere in Arnheim, ein ausgezeichnetes Telefonnetz bestand. Es ermöglichte es uns nämlich, während des Kampfes ganz auf Funkverkehr zu verzichten, zumal unsere Nachrichtenabteilung nur wenig brauchbare Geräte besaß.«

Erst gegen Mittag dieses 20. 9. erhält General Browning eine Funkmeldung, der er erstmals entnehmen kann, wie die Lage um Arnheim wirklich aussieht: »... eigener verband hält noch nordzugang zur brücke... habe aber keine verbindung und kann auch nicht versorgen... arnheim gänzlich in feindeshand... ersuche dringend um schleunigsten entsatz... kampftätigkeit erheblich... widerstand ungewöhnlich hart... lage nicht gut.«

Oben links *Im Perimeter: Spärlicher Nachschub*
Oben rechts *Oosterbeek, einer der Panzer von Obersturmbannführer Harzer, davor ein englischer Fallschirm*
Unten links *Oosterbeek: Ein Blitz-Verhör*
Unten rechts *Arnheim, Nieuwe Plein, Ecke Roermondsplein, deutsche Schützen-Panzerwagen: »Lage nicht gut.«*

Am 20. September, um 19.15 Uhr, ist die große Straßenbrücke von Nimwegen den amerikanischen Luftlande-Truppen und einer englischen Panzereinheit des XXX. Korps unversehrt in die Hände gefallen. Die SS-Männer, die die Brücke verteidigen, werden niedergemacht. Aber die Brücke fliegt nicht in die Luft. Nach holländischer Darstellung ist es der junge Widerstandskämpfer Jan van Hoof, der im Kugelhagel die Zündschnur durchschneidet. Von Arnheim trennen sie nur noch 17 Kilometer. Der englische Panzerverband jedoch denkt nicht daran, die Lage auszunutzen und sofort nach Arnheim vorzustoßen, um den dort hart bedrängten eigenen Truppen zu Hilfe zu kommen. Der englische Major Trotter, Kommandeur dieser Panzereinheit, erklärt dem staunenden Amerikaner, er habe keinen Marschbefehl und im übrigen seien die englischen Panzer nicht in der Lage, ohne Infanteriebegleitung vorzugehen. Dann bezieht er seelenruhig Quartier für die Nacht.

Die Brücke von Nimwegen unversehrt in die Hand bekommen zu haben, verdanken die Alliierten nicht zuletzt auch Feldmarschall Model. Der starrköpfige Mann weigert sich nämlich beharrlich, trotz des Drängens des Wehrmachtsbefehlshabers der Niederlande, General Christiansen, die strategisch so wichtige Brücke für alle Fälle unmittelbar zu Beginn der Operation ›Market-Garden‹ in die Luft zu jagen: Sie soll verteidigt, aber nicht zerstört werden.

So kommen die Bodentruppen zwar bis Nimwegen und haben sogar die Waal-Brücke, aber im Grunde ist schon jetzt in Arnheim alles verloren. Weitere Luftlande-Wellen, vorgesehen für den zweiten und dritten Tag, sind längst ins Stocken geraten. Entweder können die Maschinen in England wegen Nebels nicht planmäßig oder überhaupt nicht

Oben links *Oosterbeek, Utrechtsestraatweg: Sturmgeschütz 40-G, englische Gefangene*
Oben rechts *Arnheim, Utrechtseweg nahe Stadtmuseum: Unermüdliche Angriffsaktionen*
Mitte und unten links *Oosterbeek, Vreewijk Hotel: Mörderisches Abwehrfeuer*
Unten rechts *Arnheim: Bis hier kamen die ›Roten Teufel‹*

starten, oder sie treffen jetzt im Landegebiet in mörderisches Abwehrfeuer. Die Männer sterben zu Hunderten an ihren Fallschirmen oder in den Gleitern. Der abgeworfene Nachschub an Munition und Verpflegung landet zum größten Teil auf deutscher Seite, vor allem weil Deutsche dort sind, wo es laut Plan keine gibt. Inzwischen sind Verstärkungen aus dem Reich im Kampfgebiet eingetroffen, auch große Teile der 15. deutschen Armee unter General von Zangen, der nach Montgomerys Vorstellung eigentlich im Raum um Antwerpen eingeschlossen sein müßte.

Die deutschen Gegenmaßnahmen werden jedoch durch den Mangel an sofort verfügbaren kampffähigen Einheiten stark behindert. Die Vielzahl der in den Kampf zu werfenden Verbände und Einheiten erschwert die Führung des Gesamtverbandes sehr. Der Fortschritt der Kampfhandlungen wird außerdem durch den immer wieder auftretenden Mangel an Munition gehemmt. Entscheidend für den Erfolg sind jedoch die sofort gebildeten Jagdkommandos, die die tatsächlichen Absprungräume feststellen, Anhaltspunkte für die Effektivstärke der jeweils gelandeten Gruppen ermitteln und durch unermüdliche Angriffsaktionen die Versammlung des gelandeten Feindes stören.

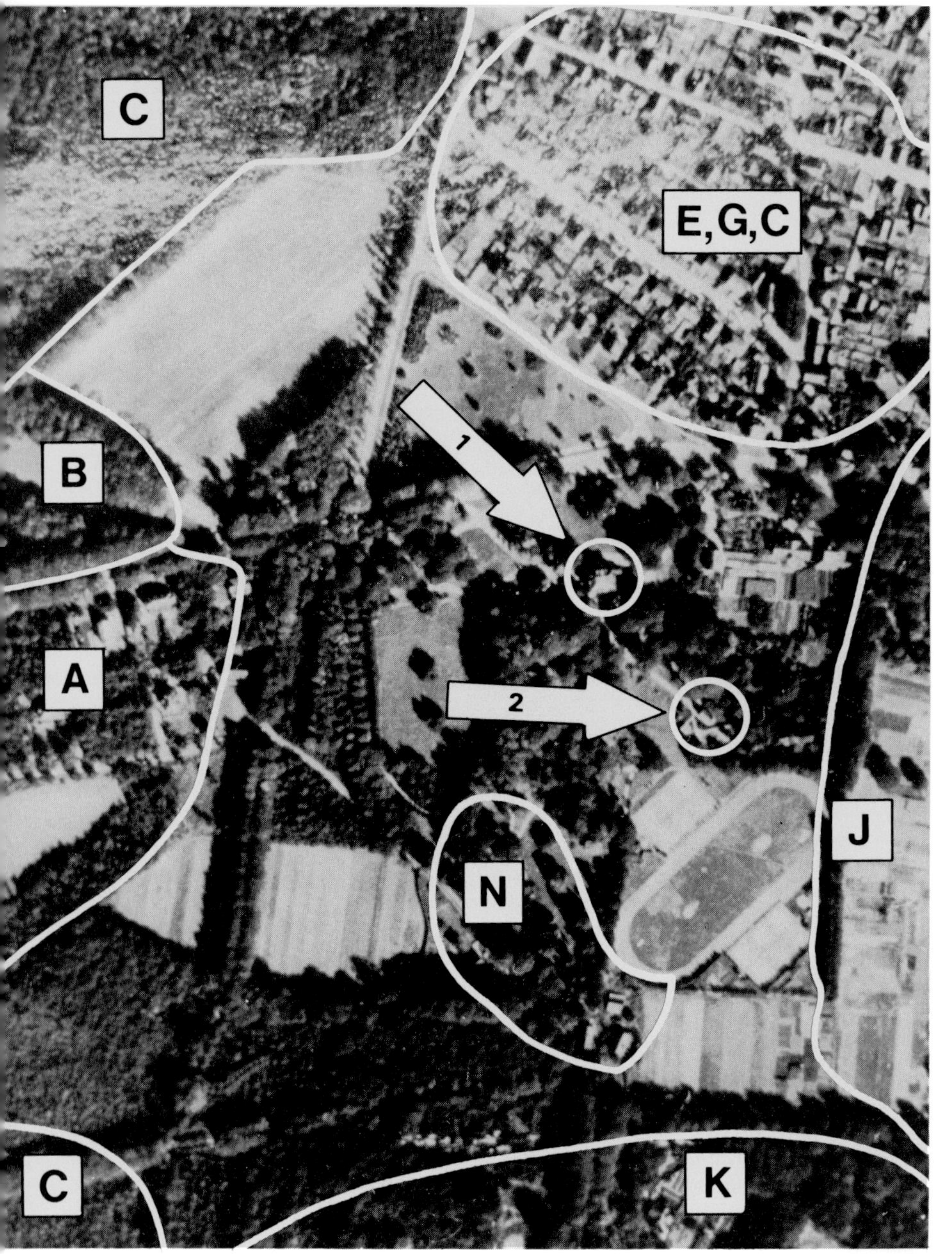

Oben links *Oosterbeek, Perimeter: 1 = Hotel ›Hartenstein‹, Hauptquartier 1. Airborne Div. Gen. Urquhart/2 = Hauptquartier 4. Parachute Brigadier J. W. Hackett/A = Battalion, Glider Pilots Regiment/B = 9th Royal Engineers Field Company/C = 1st Company Border Regiment/E = 7th Battalion King's Own Scottish Borderers/G = 21th Independent Parachute Company/K = Lonsdale Group/J = 10th Battalion, 4th Parachute Brigade/N = Battalion, Glider Pilots Regiment*

Oben rechts und Mitte unten *Die deutschen Sturmtrupps dort, wo es laut Plan keine gibt*

Unten rechts *Arnheim, vorn Nieuwe Kraan, dahinter Nieuwe Plein und Rijnstraat: »Kampftätigkeit erheblich«*

Oben links *Perimeter, Hotel ›Hartenstein‹: Stellung für den letzten Kampf ›mit Klappmesser und Pistolen‹*
Oben rechts *Britisches 75-mm-Feldgeschütz*
Unten links *›Der Rote Teufel‹ J. Connington of Selby Yorks mit seiner Sten*
Mitte unten *Der Nachschub vom Himmel*
Unten rechts *›Rote Teufel‹*

Oben *Oosterbeek, Perimeter, ›Rote Teufel‹: »Ablösung nötig«*
Unten links *Wolfheze, Duitsekampweg: Vorposten*
Unten rechts *Arnheim, Velperplein: Ein Krankenhaus wird evakuiert*

# Der fünfte Tag

## 21. September 1944

### Die Alliierten berichten

Am Freitag, dem 22. September, berichtet das Alliierte Headquarters über die Ereignisse vom Vortage:

»Britische Panzer stoßen weiter in Richtung Arnheim vor. - Der Feind wird von der 2. Armee mit Artillerie unter Feuer genommen. - Die Ablösung der Luftlande-Streitkräfte muß so schnell wie möglich erfolgen. - Aachen wird in mehreren Schlachten umkämpft.

Britische Panzer haben den Waal bei Nimwegen überquert und rollen nun nach Norden, um sich mit den hartbedrängten Luftlande-Truppen in Arnheim am Lek zu vereinigen. Zu Beginn des Tages wurde berichtet, daß die mittlere Artillerie der 2. Armee Ziele beschossen habe, die ihr von den in Arnheim kämpfenden Luftlande-Truppen, deren Ablösung nun als unbedingt nötig angesehen wird, angegeben worden waren.« (The Times, London, 22.9.1944)

»General Dempseys Panzer- und die alliierten Luftlande-Truppen kämpften sich in der letzten Nacht durch die starken deutschen Linien, um die sich heftig wehrenden Luftlande-Truppen in Arnheim zu erreichen, die unbedingt Unterstützung erhalten mußten, nachdem sie seit vier Tagen wiederholt schweren Angriffen ausgesetzt waren. Es wurde offiziell bestätigt, daß die wichtigste Brücke über den Waal durch eine überraschende Zangenbewegung unbeschädigt eingenommen wurde; die amerikanischen Luftlande-Truppen schwenkten aus dem Nordwesten ein, unterstützt von einem britischen Angriff aus dem Süden.

Obwohl die Sprengung der Brücke vorbereitet war, wurde sie nicht in die Luft gejagt, wahrscheinlich weil sich starke deutsche Streitkräfte noch immer auf der anderen Seite befanden. In Nimwegen selbst fanden weiterhin heftige Kämpfe statt; die Deutschen setzten dabei Panzer ein. Der Kampf um die Brücke wurde gewonnen, aber das Ende des Kampfes um die Stadt selbst ist noch nicht abzusehen. Obwohl die Nachrichten aus diesem Gebiet erfolgversprechender geworden sind, stehen immer noch harte Kämpfe bevor.

Es wird berichtet, daß in der letzten Nacht polnische Luftlande-Einheiten als Verstärkung in Holland eingetroffen sind - wo, ist zwar nicht bekannt, es gilt jedoch als sicher, daß sie bei Arnheim abgesetzt wurden. Man gibt bekannt, daß die Streitkräfte in Arnheim gestern weiteren Nachschub aus der Luft erhalten haben. Die Maschinen flogen trotz ungünstigen Wetters, das einen Jagdschutz unmöglich machte. Obwohl sie ihren Einsatz erfolgreich durchführen konnten, wurden einige Verluste gemeldet.

Etwa 70000 Mann starke deutsche Einheiten, die durch Vorstoß der Alliierten in Holland in nördlicher Richtung abgeschnitten wurden, versuchen verzweifelt, nach Deutschland zu entkommen. Sie setzen immer wieder ihre Panzer gegen unsere Riegelstellungen ein, die die Flanken des 40 Meilen langen Korridors sichern.

Alle diese Vorstöße wurden niedergeschlagen, und die Alliierten verbreiterten unaufhaltsam den Korridor, während Nachschub und Truppen in Richtung Norden in Marsch gesetzt wurden, um sich an den Kämpfen am Rhein zu beteiligen. Die Deutschen setzten Panzer in überraschend großer Zahl ein, jedoch nicht sehr geschickt.

Ein Stabsoffizier beschreibt die Deutschen als ›mutig, aber erfolglos‹. Dies scheint auf die meisten deutschen Truppen zwischen unserem Korridor und der Küste zuzutreffen. Das Wetter in Holland war wieder einmal sehr schlecht, dennoch tauchte eine große Zahl feindlicher Jäger auf, um die Verstärkungen der Luftlande-Truppen anzugreifen. In einem Luftkampf in der Nähe von Nimwegen schossen Thunderbolts 20 deutsche Jäger ab bei eigenen Verlusten von nur 4 Maschinen.« (The Times, London, 22.9.1944)

## Die Deutschen berichten

Am 22. September 1944 gibt das Oberkommando der Wehrmacht zu den Ereignissen des Vortages bekannt:

»Im Raum Arnheim wurden die eigenen Angriffe zur Vernichtung der dort eingeschlossenen Reste der 1. englischen Luftlande-Division fortgesetzt. Der über Nimwegen nach Norden angreifende Feind wurde nördlich der Stadt abgefangen. Südlich Nimwegen gewinnen eigene Gegenangriffe langsam Boden. Jagd- und Schlachtflieger unterstützen die Abwehrkräfte des Heeres im holländischen Raum und vernichten 38 feindliche Flugzeuge, darunter 20 schwere und zur Versorgung der feindlichen Luftlande-Truppen eingesetzte Transportflugzeuge, sowie 12 viermotorige Bomber; 10 anglo-amerikanische Bomber wurden außerdem durch Verbände des Heeres abgeschossen. Im Raum Aachen wurden mehrere mit Panzern geführte Angriffe des Feindes unter Abschuß von 9 Panzern abgewiesen. Südöstlich der Stadt verstärkte sich der feindliche Druck.«

Die deutsche Auslands-Nachrichtenagentur berichtete gestern abend:

»Arnheim steht in Flammen und ist von dichtem Rauch bedeckt. Kleinere feindliche Gruppen haben sich an mehreren Stellen der Stadt verschanzt und halten weiter durch.«

## Und so war es

In der Nacht von Mittwoch auf Donnerstag werden 11 Pioniere aus dem Perimeter mit dem Auftrag, den Zustand der Kabelfähre Heveadorp-Driel, die Wassertiefe und vor allem den Zugangsweg zu erkunden, in Marsch gesetzt. Doch die Fähre ist verschwunden. Die Patrouille stellt nach einiger Zeit die Suche in der Meinung ein, die Fähre sei von den Deutschen versteckt worden.

In Wirklichkeit liegt sie jedoch nur eineinhalb Kilometer weiter westlich in der Nähe der gesprengten Eisenbahnbrücke gestrandet, unversehrt und durchaus einsatzfähig. Währenddessen ist die polnische Fallschirmjäger-Brigade startbereit mit dem Auftrag, über diese Fähre den angeschlagenen ›Roten Teufeln‹ im Perimeter Hilfe zu bringen.

General Urquhart, der von der Zerschlagung des Bataillons Frost und dem Verschwinden der Fähre keine Kenntnis hat, funkt um 9.00 Uhr morgens an Browning: »Feind greift Brücke in voller Stärke an. Lage ist für geschwächte Verteidigung kritisch. Feind greift Heelsum und westlich Arnheim an. Lage ernst, bilde Igelstellung um ›Hartenstein‹ mit restlicher Division. Entsatz an beiden Abschnitten dringendst erforderlich. Fähre Heveadorp noch in meiner Hand.«

Aus Urquharts Meldungen an das XXX. Korps liest auch Horrocks heraus, daß sowohl die Brücke als auch die Drieler Fähre immer noch in britischem Besitz seien. Er erteilt deshalb seiner ›Guards Armoured Division‹, die eigentlich über die Hauptstraße von Nimwegen zur Brük-



# BRITISH REACH THE RHINE

## FIERCE STRUGGLE FOR BRIDGE AT NIJMEGEN

## POLES ESTABLISH NEW FRONT ON THE SCHELDT

## CAPTURE OF BOULOGNE

Armoured forces of the British Second Army last night reached the south bank of the River Waal (the Dutch name for the Rhine) at Nijmegen.

The armoured corridor established through Holland is being attacked on the flanks, but our forces are being built up in the area round Nijmegen.

Polish troops of the Canadian Army have reached the Scheldt on a six-mile front.

It was reported late last night that the town of Boulogne is now in our hands, but still under fire from Germans in the hills.

Oben links *Ausschnitt aus der Times vom 21. 9. 1944*
Oben rechts *Drei Tage warten: Polnische Fallschirmjäger vor dem Start*
Unten links *Arnheim, Brücke: »Unbezwingbarer Kampfgeist«*
Unten rechts *SS-Panzerdivision: Feuerpause*

ke vorstoßen soll, den neuen Befehl: »Wenn ihr Weg zur Arnheimer Brücke gesperrt sei, solle sie die Richtung zur Drieler Fähre einschlagen. Die polnische Fallschirmjäger-Brigade werde am gleichen Nachmittag in der Nähe von Driel abspringen, um den südlichen Zugang zur Fähre zu sichern.« Man hat angenommen, daß die Polen und die ›Guards‹ zusammen einen starken Brückenkopf bilden können, von wo aus die Infanterie dann über den Rhein zur Urquharts Perimeter gebracht werden könne. Aber gerade um diese Stunde ist Frosts Bataillon an der Brücke überrannt worden, und die Anhöhe auf dem nördlichen Niederrheinufer bei Westerbouwing fällt in die Hände der Deutschen – und mit ihr auch der Landesteg zur Drieler Fähre. Kurz nach der Morgendämmerung am Donnerstag,

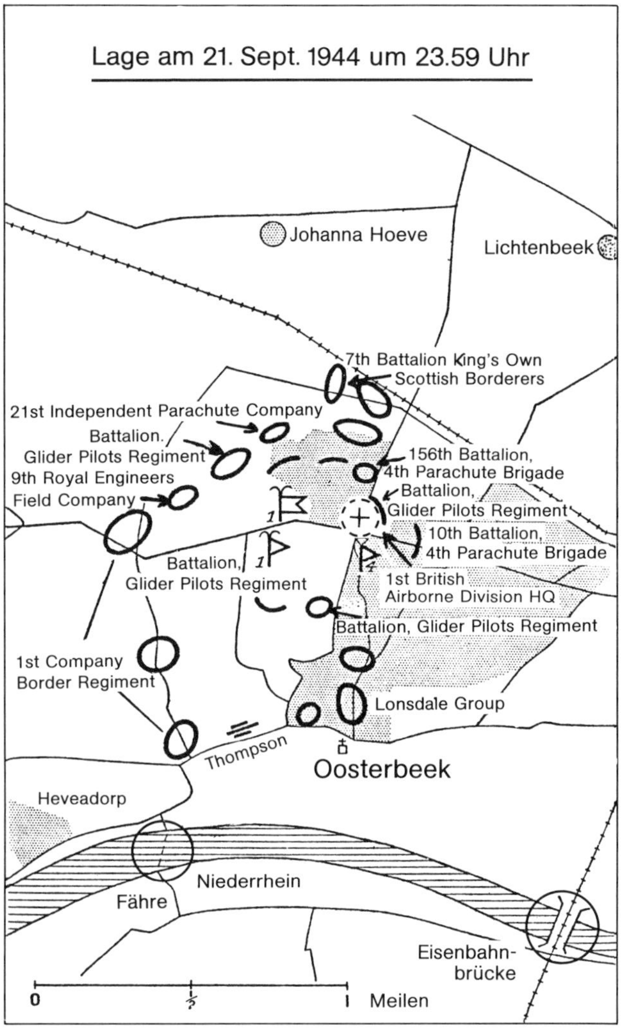

Mitte oben *Im Raum Arnheim: Eine eroberte englische ›six-pounder‹-Pak*
Oben rechts *Arnheim, Onderlangs-Bovenover*
Mitte unten *Oosterbeek: Improvisierter Jabos-Abwehrstand*
Unten rechts *Nimwegen – Arnheim: ein Jagdpanther und eine Dakota*

dem 21. September, nähert sich der Kampf um die Arnheimer Brücke dem Ende. Etwa die Hälfte von Frosts Männern ist gefallen oder verwundet; die meisten anderen sind schon am Donnerstagmorgen gefangengenommen worden, nur ein paar haben es mit Hilfe der holländischen Widerstandsbewegung geschafft, der Gefangenschaft zu entgehen.

Die verwundeten Engländer sehen mißtrauisch und mit Überraschung, daß die SS-Männer sich ihnen gegenüber ungewöhnlich kameradschaftlich verhalten, ihnen Zigaretten, Schokolade und Schnaps anbieten. Sie verzeichnen allerdings auch mit Erbitterung, daß diese Dinge meist englischer Herkunft und offenbar von den Deutschen mit dem abgeworfenen Nachschub erbeutet worden sind.

Bittrich, der Kommandeur des 2. SS-Panzerkorps, erklärt später: »Ich tue nicht mehr als meine Ehrenpflicht, wenn ich unseren Gegnern im Kampf von Arnheim-Nimwegen meine Hochachtung zolle. Sie waren typisch für die außergewöhnlich zähen und gut ausgebildeten britischen Soldaten, die seit Beginn der Invasion gegen uns gekämpft haben. Ein klassisches Beispiel für den unbezwingbaren Kampfgeist dieser Truppen war die Leistung der britischen Streitkräfte an der Brücke in Arnheim; selbst nach der Niederlage verließen sie das Schlachtfeld ungebrochen.«

Erst am frühen Donnerstag gelingt es den Deutschen, die Trümmer zu beseitigen und eine schmale Durchfahrt über die Brücke zu öffnen. Nachdem nun Frosts Stellung an der Brücke von übermächtigen deutschen Streitkräften überrannt worden ist, bekommt Harzer, der Kommandeur der Division ›Hohenstaufen‹, von Bittrich den Befehl, die Überreste der britischen Luftlande-Division am Brückenkopf Oosterbeek nördlich des Flusses zu vernichten, bevor die 2. britische Armee das Südufer erreichen kann.

Um 10.40 Uhr an diesem Tag erhält die 1. Panzerdivision der Irischen Garde endlich den Marschbefehl: Sie soll in zwanzig Minuten, also um 11.00 Uhr, von der Nimwegener Brücke aus nach Arnheim vorstoßen. Es ist kaum Zeit vorhanden, die Panzerbesatzungen auf dieses äußerst wichtige Angriffsunternehmen vorzubereiten. Außerdem fehlen ausreichende Straßenkarten und Informationen über die für Panzer so gefährlichen 8,8-cm-Flakstellungen. Dem Befehlshaber dieses Unternehmens, Captain Langton, wird lediglich ein kurzer Einblick in erbeutete Skizzen geboten, dann brechen sie auf.

Am Donnerstag, dem 21. September, nach drei vollen Tagen nervenzermürbenden Wartens, startet um 14.15 Uhr die polnische Fallschirmjäger-Brigade. Das Wetter ist äußerst ungünstig: dichte, niedrig hängende Wolken mit beschränkter Sicht. Kurz nach dem Start – die Dakotas haben bereits 3500 m Höhe erreicht und fliegen über den Wolken – kommt der Befehl zur Rückkehr. Die Hälfte der Maschinen dreht daraufhin ab, die anderen bleiben, da sie die Funksprüche nicht empfangen können, auf Kurs in Richtung Holland.

Um 17.15 Uhr, nach drei Stunden Flug, nähern sich die Dakotas der Landezone. Vom Boden erhalten sie massives Flakfeuer aller möglichen Kaliber. Ungeachtet dessen springen die Polen ab. Sie werden von konzentriertem Feuer aus deutschen Infanteriewaffen empfangen. Die geschwächte Brigade – eine Hälfte ist ja nach England zurückgekehrt – hat schon in der Luft erhebliche Verluste an Toten und Verwundeten. Die Polen landen mitten in einem Gefecht, das Engländer und Deutsche sich gerade liefern, und geraten so in das Feuer beider Seiten. Ihre Pak-Züge sind ebenfalls nicht da; sie sind bereits am 18. September, dem zweiten Tag der Operation, mit den Resten der 1. Luftlande-Division auf der anderen Rheinseite gelandet.

Die polnischen Fallschirmjäger sammeln sich, kämpfen sich den Weg aus der Landezone frei und stoßen in Richtung auf die Kabelfähre vor, mit der sie laut Befehl von Driel nach Oosterbeek übersetzen sollen, um den sich verzweifelt wehrenden ›Roten Teufeln‹ zu Hilfe zu kommen.

Oben und unten links *Oosterbeek, Perimeter: Schützengraben*
Oben rechts *Englische ›six-pounder‹-Pak*
Unten rechts *In Brand geschossener Jeep*

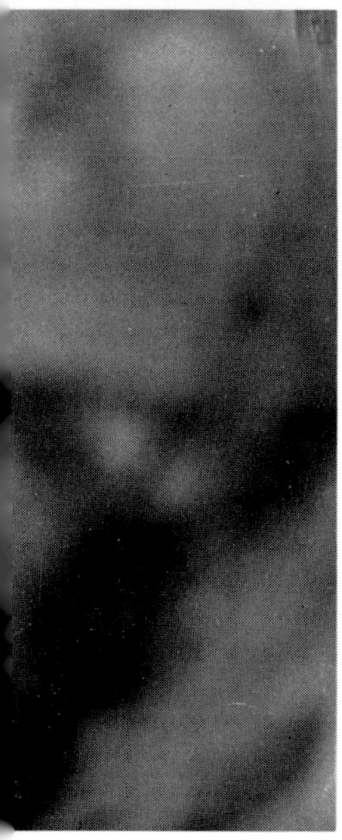

Doch von der Fähre fehlt jede Spur, es gibt auch keine andere Übersetzmöglichkeit über den etwa 400 m breiten reißenden Strom. Im übrigen liegt das gesamte Ufer in direktem Beschuß zahlreicher deutscher MG. Aus Oosterbeek kommt kein Lebenszeichen, auch gelingt es nicht, Funkverbindung mit der 1. Luftlande-Division zu bekommen.

Ohne dies ahnen zu können, leitet die polnische Fallschirmjäger-Brigade mit ihrem Einsatz eine Entwicklung ein, die das Schicksal der 1. Luftlande-Division besiegelt: Als nämlich Obergruppenführer Bittrich die am Himmel schwebenden Polen sieht, kommt er gar nicht auf den Gedanken, daß sie Urquharts Perimeter verstärken sollen. Der Obergruppenführer ist vielmehr davon überzeugt, daß die Polen landen, um den Vorstoß der 10. Panzerdivision, die nun freie Fahrt über die Arnheimer Brücke in Richtung Nimwegen hat, zu stoppen. Bittrich handelt schnell: Er zieht die Kampfgruppe Knaust aus dem Sperriegel um Oosterbeek und wirft sie mit ihren 20 Tiger- und 20 Panther-Panzern nach Süden in die Umgebung von Elst. Sie sollen die Polen daran hindern, Fühlung mit den Panzerspitzen von Horrocks zu nehmen oder sich des Südzugangs zur Arnheimer Brücke zu bemächtigen. Die 10. SS-Panzerdivision bekommt den Befehl, sich umzugruppieren und die Alliierten in Nimwegen über den Waal zurückzuwerfen, um so den Vorstoß der Engländer von Nimwegen in Richtung Arnheim zu unterbinden.

Bittrichs rascher Entschluß wird Horrocks tatsächlich endgültig hindern, irgendwelche entscheidenden Operationen in Richtung Arnheim zu unternehmen. Und damit ist Urquharts Brückenkopf zum Untergang verurteilt. Von diesem Debakel nichts wissend, funkt Horrocks an Urquhart: »43. Division hat Befehl, ohne Rücksicht auf Verluste heute Entsetzung durchzuführen, und marschiert auf Fähre. Falls Lage rechtfertigt, sollten Sie aufs Südufer übersetzen.« Urquhart: »Herzlich willkommen.«

Die 1. britische Luftlande-Division hat praktisch aufgehört zu existieren. Es fehlt an Munition, Verbandszeug und Wasser. In dem Perimeter, dem Brückenkopf, der auf der Landkarte einer Fingerspitze gleicht, etwas mehr als drei Kilometer lang und am Niederrheinufer 1500 Meter breit ist, werden die britischen Elitetruppen von drei Seiten und aus der Luft angegriffen und Zug um Zug aufgerieben. Einzige Hoffnung in dieser Lage bleibt die Luftunterstützung durch die RAF. Ihre Jabos und Tiefflieger könnten mit ihren Angriffen entscheidend zur Entlastung von Urquharts Männern beitragen. Obwohl es jedoch um Arnheim von deutschen Artilleriestellungen und Fahrzeugansammlungen förmlich wimmelt, bleiben sie von Jabos unbehelligt. Vergeblich wendet sich Urquhart wiederholt mit der Bitte an Browning, der RAF den Befehl »Jagd frei!« zu geben. Aber die Piloten verlangen präzise Anga-

Oben links *Der Kampf um den Perimeter: Ratlos*
Oben rechts *Hotel ›Hartenstein‹: Mit US-Karabiner M1 auf der Jagd nach Scharfschützen*
Mitte links *Ein ›Roter Teufel‹*
Unten links *Zeichen für Versorgungsflugzeuge*
Unten rechts *Versorgungs-Container*

Oben *Arnheim, Brücke: Am Donnerstag früh gelingt es den Deutschen, die Trümmer zu beseitigen*
Unten *Die ›Roten Teufel‹: Zwei, die es überlebten*

ben der Ziele, was angesichts der Lage im Kessel von Oosterbeek natürlich unmöglich ist.

Von den 1500 Soldaten der polnischen Fallschirmjäger-Brigade sammeln sich bei Einbruch der Dunkelheit nur etwa 750 Mann, darunter viele Verwundete. Ihr Weg über die Drieler Fähre zu den umkämpften britischen Stellungen in Oosterbeek auf der anderen Rheinseite ist blockiert.

Um 21.00 Uhr endlich hat Sosabowski Nachricht von Urquhart. Da es nicht gelungen ist, Funkverbindung zu ihm herzustellen, schwimmt der polnische Verbindungsoffizier beim Stab der 1. Luftlande-Division, Hauptmann Zwolański, durch den Rhein. Er meldet Sosabowski, General Urquhart erwarte, daß die Polen in der Nacht übersetzen. Er habe Flöße für sie bereitgestellt. Sosabowski schickt sogleich einige seiner Männer ans Ufer. Dort warten sie fast die ganze Nacht vergeblich auf die Flöße. Um 3.00 Uhr früh weiß Sosabowski, daß der Plan fehlgeschlagen ist, und zieht seine Leute in die Stellung zurück. Nicht einem einzigen Polen gelingt es in dieser Nacht, den Fluß zu überqueren.

# Der sechste Tag

## 22. September 1944

### Die Alliierten berichten

Am Samstag, dem 23. September, berichtet das Alliierte Headquarters über die Ereignisse vom Vortage:

»Panzerschlacht 5 Meilen vor Arnheim. – 2. Armee traf auf heftigen Widerstand. – Der erbitterte Kampf der Luftlande-Truppen. – Jeglicher Widerstand in Boulogne ist gebrochen.

Der Festungskommandeur und sein Stab haben sich ergeben.

Die Amerikaner festigen ihre Stellungen an der Siegfried-Linie und an der Mosel, wo feindliche Gegenangriffe immer häufiger und heftiger werden.« (The Times, London, 23. 9. 1944)

»Die Lage der Luftlande-Division in Arnheim, die seit Sonntag ständig schwerem deutschem Feuer aus allen Richtungen standgehalten hat, ist kritisch, aber nicht hoffnungslos, falls Entsatztruppen sich den Weg zu ihnen freikämpfen können. Die deutschen Truppen, die sich in dem Gebiet von Nimwegen und Arnheim befinden, um den Vorstoß der Alliierten nach Norden zu unterbinden, sind mit starken panzerbrechenden Waffen ausgerüstet. Das flache Gebiet, das die britischen Panzer durchqueren müssen, besitzt nur wenige feste Straße und ist daher für die Panzerabwehr bestens geeignet.

Die polnische Fallschirmjäger-Brigade, die zur Verstärkung gelandet ist, hat sich den Männern von Arnheim angeschlossen und unterstützt sie bei der Abwehr der deutschen Angriffe. Die Maschinen, mit denen sie eingeflogen wurden, hat die Luftwaffe zwar nicht angegriffen, aber die nächste Welle mit Lastenseglern im Schlepp, die Kriegsgerät und Nachschub mit sich führten, brachte die deutschen Jäger auf den Plan; die Alliierten konnten ihre Ladung sicher abwerfen, jedoch entstanden einige Verluste.

Alliierte Jagdbomer unterstützten die in Arnheim abgeschnittenen Luftlande-Truppen und die Panzer, die in heftigen Kämpfen versuchten, zu ihnen zu gelangen. Aber das schlechte Wetter erschwerte sowohl die Operationen in der Luft als auch die auf dem Boden. Berichten zufolge kamen die Verstärkungen durch den 40-Meilen-Korridor, um General Dempseys Truppen und die Luftlande-Einheiten auf ihrem Weg nach Norden zu unterstützen. Die Sicherung der Straße von Nimwegen nach Norden bis Arnheim scheint für die britischen Bodentruppen und die amerikanischen Luftlande-Divisionen, die sich ihren Weg nach vorn gegen sehr schlagkräftige Infanterieverbände und Panzerabwehr erkämpft haben, ein schwieriges Unternehmen zu werden. Spähtrupps unserer Panzertruppen sind von der Spitze der führenden Kolonne aus vorgestoßen, aus ihren Meldungen geht hervor, daß der Feind wahrscheinlich früher als angenommen einen Durchbruch versuchen wird. Das Zentrum des deutschen Widerstandes liegt bei Elst, ungefähr auf halber Strecke zwischen Arnheim und Nimwegen.

Übrigens befinden sich die Panzertruppen der 2. Armee südlich von Arnheim viele Meilen näher an Berlin als andere alliierte Streitkräfte. Aber das Hauptziel der Alliierten ist immer noch die Vernichtung der deutschen Armeen und nicht die Eroberung feindlichen Territoriums.« (The Times, London, 23. 9. 1944)

Ein Sonderkorrespondent der britischen Presse, der sich bei den Luftlande-Truppen im Perimeter von Oosterbeck aufhält, berichtet am Freitag um 9.00 Uhr:

»Es ist ein gräßlicher Morgen – bis jetzt kalt und neblig – und die Deutschen beschießen uns mit Granatwerfern, schweren Geschützen und 8,8-cm-Flak. Die Achtacht ist am gefährlichsten, weil man ihre Geschosse nicht herankommen hört. MG haben gerade von rechts das Feuer eröffnet. In diesem Teil der Hölle halten unsere Leute die paar Villen, die noch stehen. Es ist jetzt bereits fünf Tage und fünf schlaflose Nächte her, seit wir von England hierhergeflogen wurden. Gott weiß, aus welcher geheimen Quelle diese Männer die Kraft nehmen, die sie für diesen pausenlosen Kampf brauchen. Eins jedoch ist sicher: Sie werden weitermachen, bis die 2. Armee endlich hier eintrifft. Immer mehr Geschütze der 2. Armee unterstützen uns von weit her mit ihrem Feuer.«

In einer Meldung vom gestrigen Abend berichtet der gleiche Korrespondent:

»Wir haben die heutige Londoner Zeitung durch Fallschirmabwurf erhalten.« (The Times, London, 23. 9. 1944)

## Die Deutschen berichten

Am Samstag, dem 23. September 1944, gibt das Oberkommando der Wehrmacht zu den Ereignissen des Vortages bekannt:

»Während sich unsere Abwehrfront nördlich Nimwegen gegen schwere feindliche Angriffe behauptete, ist es unseren von Osten und Westen angreifenden Verbänden gelungen, bei Vechel die Verbindung zwischen den feindlichen Kräften in Süd- und Mittel-Holland zu unterbrechen. Alle Versuche des Feindes zur Erweiterung seines Einbruchraumes bei Eindhoven scheiterten in erbitterten Kämpfen unter hohen Verlusten des Gegners. In Mittel-Holland wurden am 21. September 30 feindliche Panzer abgeschossen...«

Radio Berlin berichtete gestern:

»Die Stadt Arnheim steht seit 5 Tagen in Flammen; ein Angriff folgt dem anderen. Der Feind kämpft verbissen und wartet auf Unterstützung von Süden her, wo britische Panzertruppen versuchen, sich über die einzige noch erhaltene Brücke in Nimwegen nach Norden vorzukämpfen. Sie haben zwar einige Fortschritte gemacht, jedoch wird ein deutscher Gegenangriff aus dem Südosten erwartet.«

Einige Stunden vorher hatte die deutsche Nachrichtenagentur bekanntgegeben, daß die 1. britische Luftlande-Division, die im Gebiet Arnheim abgesetzt worden ist, »vollständig aufgerieben« sei. (The Times, London, 23. 9. 1944)

## Und so war es

Die Landung der polnischen Fallschirmjäger-Brigade zwingt die Deutschen, ein wertvolles Bataillon, die Kampfgruppe Knaust, von dem Sperriegel um das Perimeter abzuziehen. Dadurch wird der deutsche Angriff auf Oosterbeek am 21. 9. geschwächt. Die Möglichkeit, daß

**BRITISH TANKS DRIVING ON TO ARNHEM**

**ENEMY SHELLED BY SECOND ARMY'S GUNS**

**RELIEF FOR AIRBORNE FORCE IMMINENT**

**AACHEN IN RING OF BATTLES**

British tanks have crossed the Waal at Nijmegen and are driving northward to link up with the hard-pressed airborne force at Arnhem, on the Lek. Medium artillery of the Second Army was reported early to-day to be shelling targets indicated by the Arnhem force, whose relief is now regarded as imminent.

On both sides of Aachen heavy battles are in progress. In the northern sector American tanks are approaching Geilenkirchen, across the German frontier, and in the south troops are pushing slowly through the Siegfried line east of Stolberg.

The Poles have reached the Scheldt estuary at several points round Terneuzen.

Oben links *Ausschnitt aus der Times vom 22. 9. 1944*
Oben rechts *24. September 1944, Hotel ›Hartenstein‹: »Die Lage kritisch, aber nicht hoffnungslos«*
Unten links *Driel: Gelandete Polen*
Unten rechts *Driel, Lkw: Endlich angekommen*

die Polen einen Vorstoß nach Nordosten unternehmen und die Division ›Frundsberg‹ von der gerade erst wiedergewonnenen Straßenbrücke in Arnheim abschneiden könnten, ist der Grund dafür, daß die Deutschen die polnische Landung so ernst nehmen und von einer »kritischen Situation« sprechen. Die Division ›Frundsberg‹ stößt in südlicher Richtung über die Betuwe auf Nimwegen vor.

Daher ist es für die Deutschen äußerst wichtig, diese schwache Stelle schnellstens zu verstärken: Südlich des Rheins, in der Betuwe errichtet Harzer einen Sperriegel. Er bezieht die Stellungen zwischen der Straße Arnheim–Nimwegen und den in Driel gelandeten Polen. Seine Aufgabe: die Polen angreifen und die Straße nach Arnheim offenhalten. Die Kämpfe in der Betuwe geben der Schlacht um Arnheim so einen neuen Akzent. Während am Nordufer des Flusses, innerhalb des Perimeters, die Überreste der britischen Luftlande-Division sich hartnäkkig weiter verteidigen, weil sie auf schnelle Unterstützung hoffen, wird die Betuwe südlich des Flusses zum Kampfplatz für die Polen und später für die Einheiten der 2. Ar-

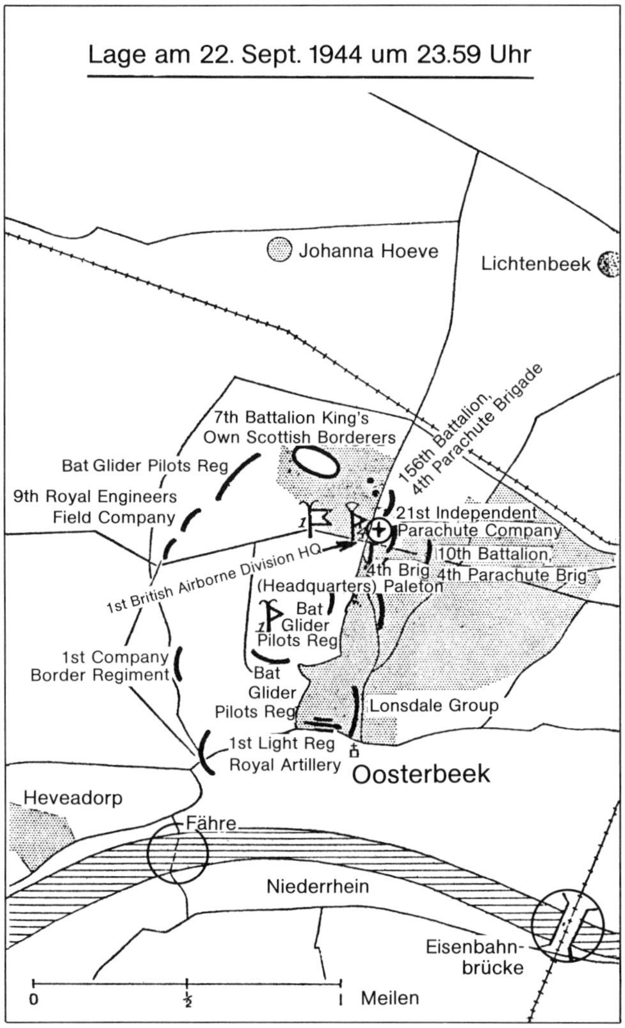

mee, die Verbindung mit dem Perimeter aufzunehmen versuchen.

Am Freitagvormittag des 22. September tauchen vor den polnischen Posten in Driel plötzlich aus dem Bodennebel englische Panzerspähwagen auf. Es ist eine Aufklärungsabteilung, der es nach einer Irrfahrt gelungen ist, ohne dabei einen Schuß abzugeben, die Polen zu erreichen. Damit ist endlich die ersehnte Verbindung zwischen den Bodentruppen Horrocks und der 1. Luftlande-Division zustande gekommen. Aus den von Montgomery ursprünglich geplanten 48 Stunden sind mittlerweile 4 Tage und 18 Stunden geworden. Der Korridor, den sie auf diese Weise öffnen, um sich mit den Polen und der 2. Armee zu vereinigen, verdient jedoch diesen Namen kaum. Er umfaßt lediglich einige schmale Sandwege in der flachen, niedrig gelegenen Betuwe.

Die englischen Panzerspähwagen sind an der rechten Flanke der Division ›Frundsberg‹ vorbeigeschlüpft, die die Hauptstraße von Nimwegen nach Arnheim blockiert hat und haben so die polnischen Stellungen erreicht. Aber dann rollt der erste englische Panzer auf eine von Polen gelegte Mine. Kurz darauf detoniert der zweite Panzer, ebenfalls von einer polnischen Mine zerrissen.

So eng der Korridor durch die Betuwe auch gewesen ist, bleibt er doch bis zum Ende der Schlacht in britischer Hand, und über diese Route werden die Überreste der Truppen des Perimeters nach Nimwegen in Sicherheit gebracht.

Die Lage im Kessel selbst spitzt sich unter dem pausenlosen Artilleriebeschuß immer mehr zu. Auf die dringende Bitte um Luftunterstützung antwortet der RAF-Stab: »Nach gründlicher Prüfung sehen wir uns wegen des Wetters leider außerstande...«

Schlimmer noch: Auch die Versorgungsmaschinen wagen es nicht mehr, den so bitter benötigten Nachschub zu fliegen.

Noch an diesem Tage berichtet Browning an General Eisenhower und General Marshall nach Washington: »Die Lage im Abschnitt Arnheim hat sich ganz wesentlich verbessert.«

Und auf ein Angebot von General Smith, dem Kommandeur der 52. Infanterie-Division, der Urquhart seine Männer in Lastenseglern zur Hilfe schicken will, funkt General Browning am Freitagvormittag zurück: »Danke für Ihre Meldung... aber Angebot nicht... wiederhole nicht... erforderlich, da Situation besser als gedacht.«

Mitte oben *General-Major St. Sosabowski (rechts)*
Oben rechts *Oosterbeek, ›Rote Teufel‹: »One more river to cross...«*
Mitte *...›Teufels-Weg‹: Verbrannter Sherman*
Unten rechts *Gefürchteter Gegner: Ein alliierter Jabo*

Das alliierte Oberkommando erfährt an diesem Tage scheinbar erstmalig, wie es um die 1. Luftlande-Division wirklich steht. Den Kriegsberichterstattern bei den Stäben von Eisenhower, Brereton und Montgomery wird nämlich vertraulich mitgeteilt: »Die Lage ist ernst, es wird aber alles unternommen, um Urquhart zu helfen.«

Am Abend und während der Nacht des 22. September engen die Deutschen den Perimeter, der nun unter andauerndem Artilleriefeuer steht, ein. Lautsprecher vor den Linien fordern die britischen Truppen auf, sich zu ergeben. Sie nennen die Zahlen der britischen Verluste und fügen im gleichen Atemzug hinzu, daß gefangene britische Offiziere den Streitkräften im Perimeter dringend empfehlen, den hoffnungslosen Kampf einzustellen. Dann erklingen die Songs »In the mood« und »One more river to cross...«.

Am Freitagabend stoßen in der Dämmerung Polen aus Driel zu der Stelle vor, wo das Übersetzen auf das nördliche Niederrheinufer stattfinden soll. Der einzige dafür geeignete Bodenstreifen liegt unter ständigem MG- und Granatwerferbeschuß.

Um die ›Roten Teufel‹ doch noch versorgen zu können, erhält Colonel Taylor den Befehl, Nachschub nach Driel zu fahren: ganze zwei $2^1/_2$-Tonner Amphibien-Lkw. Um 24 Uhr beginnt man damit, die schwimmfähigen Lastwa-

Oben *Perimeter: Die Versorgungsmaschinen finden die Abwurfzone nicht*
Unten *Zwei deutsche Landser*

gen an den Fluß zu schaffen. Es hat tagsüber geregnet, und die schmalen Straßen sind verschlammt. Dann steigt dichter Nebel auf. Man wirft einen Teil der Ladung ab, doch nutzt das wenig, und die schwerfälligen Fahrzeuge rutschen schließlich wenige Meter vom Rheinufer entfernt in einen Straßengraben und bleiben stecken. Um 3.00 Uhr gibt man den Versuch, Nachschub in das Perimeter zu schaffen, endgültig auf.

Mit den behelfsmäßig zusammengezimmerten Flößen kommt man nicht zurecht, und die einzigen noch verbleibenden Übersetzmöglichkeiten, ein paar empfindliche Schlauchboote, gehen nach und nach im Feindfeuer verloren. Bis es hell wird, gelingt es lediglich einer einzigen Kompanie, an das andere Ufer zu gelangen; sie verliert jedoch während des Flußüberganges etwa ein Drittel ihrer Leute. Nur 50 Soldaten und so gut wie überhaupt kein Nachschub sind schließlich über den Fluß zu Urquharts Brückenkopf gelangt.

# Der siebte Tag

## *23. September 1944*

### Die Alliierten berichten

Am Montag, dem 25. September 1944, berichtet das Alliierte Headquarters über die Ereignisse vom Wochenende:

»Erste Verbindung mit Truppen nördlich des Rheins. – Nachschub wird über den Rhein geschafft. – Zweite Armee über deutsche Grenze. – Der 10-Meilen-Vorstoß der Kanadier.

Mit den britischen Luftlande-Truppen, die nördlich des Rheins abgeschnitten sind, wurden Verbindungen aufgenommen. Die erste Kontaktaufnahme gelang den Einheiten der 2. Armee, die im Schutz der Dunkelheit in Amphibien-Lkws mit Verpflegung und Munition den Rhein überquert haben.

In der vergangenen Nacht wurde die Lage jedoch viel rosiger geschildert: Die 2. Armee wird ›überall mit voller Kraft angreifen‹, hieß es. Sie ist südöstlich von Nimwegen eine Meile weit nach Deutschland eingedrungen und hat dort ein Dorf besetzt.

Die Kanadier sind 10 Meilen weit vorgestoßen, und zwar über den Escaut-Kanal östlich von Antwerpen im Raum Turnhout.« (The Times, London, 25.9.1944)

»Amphibien-Lkws der 2. britischen Armee durchquerten heute den Rhein und transportierten Nachschub für die britischen Luftlande-Truppen. Die Unterstützung für die bedrängten Luftlande-Truppen kam gerade noch rechtzeitig. Verpflegung und Munition waren fast aufgebraucht. Angesichts der Lage überrascht es nicht, daß man von einem Teil dieser Einheit, die die Häuser an der Nordseite der Arnheimer Brücke besetzt hielt, keine Nachrichten mehr hat. Bei äußerst ungünstigem Wetter hatte die RAF zusammen mit der US Air Force ihr Bestes gegeben, um dieses wichtige Unternehmen, die größte Luftlande-Operation, die je stattfand, durchzuführen. Aber die Unterstützung, die für diese Operation nötig war, konnte bis jetzt nicht geleistet werden. Dennoch hat eine große Zahl von Lastenseglern und Truppentransportern die deutschen Linien gekreuzt, um den Luftlande-Truppen all das zu bringen, was in ihren Kräften stand.

Bis jetzt gibt es noch keine Nachrichten, ob die Brücke in Arnheim gesprengt worden ist oder nicht. Man bezweifelt jedoch, daß die Deutschen überhaupt in der Lage sein werden, sie in die Luft zu jagen. Zum jetzigen Zeitpunkt sieht es so aus, als seien sie bestrebt, die Brücke so lange wie möglich intakt zu halten. Ein heftiger Vorstoß des Feindes, der gestern mit mehreren Panzern an der Westflanke unserer langen Panzerkolonne von der belgischen Grenze nach Holland hinein geführt wurde, unterbrach die Verbindung zwischen Eindhoven und Nimwegen. Dadurch wurde eine der Gefahren offenbar, mit denen man bereits gerechnet hatte, als der britische Vorstoß begann. Die so entstandene Lage war also keine besondere Überraschung.« (The Times, London, 25.9.1944)

### Die Deutschen berichten

Am Sonntag, dem 24. September, gibt das Oberkommando der Wehrmacht zu den Ereignissen des Vortages bekannt:

»In Mittel-Holland landete der Feind gestern erneut stärkere Kräfte aus der Luft mit Schwerpunkt im Raum südlich und südöstlich Nimwegen. Eigene Truppen traten sofort zum Angriff an. Die schweren Kämpfe sind noch im Gange. Die eigenen Absetzbewegungen in West-Holland nahmen den geplanten Verlauf. Südöstlich Aachen und an der Eifelfront wurden auch gestern alle Angriffe des Gegners abgewiesen . . .«

nahmen den geplanten Verlauf. Südöstlich Aachen und an der Eifelfront wurden auch gestern alle Angriffe des Gegners abgewiesen…«

## Und so war es

Am Samstag klärt sich das Wetter über England auf, und die alliierten Flugzeuge können wieder starten. Die Versorgungsmaschinen finden jedoch die Abwurfzone beim Hotel ›Hartenstein‹ nicht und geraten außerdem in heftiges Flakfeuer; von 123 Maschinen werden 6 abgeschossen und 63 beschädigt. Und die ›Roten Teufel‹ im Kessel bei Oosterbeek müssen zusehen, wie ihr Nachschub dem Feind in die Hände fällt.

Urquhart funkt Browning am Abend: »Zahllose Angriffe von Infanterie, Sturmgeschützen, Panzern, auch solchen mit Flammenwerfern. Jeder Angriff von schwerem Werferbeschuß begleitet. Treffer auch im Stabsbereich. Kessel im Wesentlichen unverändert, Stellungen aber dünner besetzt. Noch keine Verbindung zu eigenen Kräften am Südufer. Versorgung aus der Luft Fehlschlag, nur wenig Munition geborgen. Noch keine Verpflegung. Wegen Wassermangels alle Dienstgrade stark verschmutzt. Moral noch ausreichend, doch schwerer Beschuß zeigt Wirkung. Werden aushalten, hoffen aber auf bessere Tage.«

Der Korridor, durch den die 2. Armee über Eindhoven, Nimwegen und Arnheim zur Zuidersee vorstoßen sollte, wird auch »Hell's Highway – teuflische Straße« genannt. Durch diesen schmalen Geländestreifen, an manchen Stellen nur einige hundert Meter breit, der tief in feindlich besetztes Gebiet hineinreicht, muß sich das ganze XXX. Korps hindurchzwängen.

Am 23. September wird der »Hell's Highway« an beiden Flanken von deutschen Truppen angegriffen. Erst nach harten Kämpfen gelingt es den Alliierten, die enge Ader nach Nimwegen und in die Betuwe offenzuhalten.

Am Samstag verlegen die Deutschen den Schwerpunkt ihrer Angriffe auf die Nordseite des Niederrheins, wo der Perimeter an den Fluß stößt. Harzer weiß, daß die Polen sich am Südufer befinden, und eine der Divisionen des britischen XXX. Korps versucht, die polnischen Stellungen in Driel zu erreichen. Er gibt Befehl, den Perimeter vom Flußufer abzuschneiden. Und während des ganzen Samstags steht das Nordufer des Rheins von Osten und von Westen her unter dem Feuer deutscher Einheiten.

Für die nächste Flußüberquerung, die für die Nacht zum Sonntag geplant ist, soll die 43. britische Division den polnischen Fallschirmjägern die nötigen Boote bereitstellen, und was noch wichtiger ist: Ihre Artillerie gibt den Polen die notwendige Feuerunterstützung. Diesmal werden alle Männer der polnischen Brigade, die sich in Driel befinden, übersetzen, um den im Oosterbeeker Kessel kämpfenden Leuten Urquharts endlich Hilfe zu bringen.

Oben links *Ausschnitt aus der Times vom 23. 9. 1944*
Rechts *Oosterbeek; Deutsche bei dem Versuch, den Perimeter vom Flußufer abzuschneiden*
Unten links *Gefangene ›Rote Teufel‹ und SS-Männer*

**TANK BATTLE 5 MILES FROM ARNHEM**

**SECOND ARMY MEETS STIFF OPPOSITION**

**AIRBORNE FORCES' GRIM FIGHT**

**ALL RESISTANCE ENDED AT BOULOGNE**

The British Second Army is meeting strong opposition in its battle to reach Arnhem to relieve the British airborne troops, who are facing a critical situation. The nearest point to which the Second Army has penetrated is the village of Elst, five miles from Arnhem.

All organized resistance in Boulogne has ended and the garrison commander and his staff have surrendered.

The Americans are consolidating their positions in the Siegfried line and Moselle zones, where enemy counter-attacks are increasing in frequency and power.

Oben *Oosterbeek, Weverstraat*
Mitte *Oosterbeek, Deutsche: Eine englische ›six-pounder‹-Pak*
Unten *Abgeschossener englischer Jabo*

Etwa ab 22.00 Uhr, wie in der Nacht zuvor, hocken die Polen am Rheinufer und warten unter deutschem Beschuß auf die versprochenen Boote. Die englische Artillerieunterstützung ist recht unwirksam: Die Geschütze feuern auf maximale Reichweite ohne jegliche Treffsicherheit.

Horrocks hofft, außer den Leuten Sosabowskis auch englische Infanterie auf die andere Rheinseite bringen zu können. Deutsches Artilleriefeuer durchkreuzt seine Pläne. Es ist bereits Nacht, als die Spitze der angeschlagenen 130. Brigade Driel erreicht, zu spät also, um gemeinsam mit den Polen den Übergang über den Rhein zu wagen. Sosabowskis Fallschirmjäger beginnen kurz nach 1.00 Uhr mit dem Übersetzen in Schlauchbooten der 82. US-Division, die den Amerikanern nach der Eroberung der Brükke von Nimwegen übriggeblieben sind.

Während der ganzen Nacht liegt schweres Artilleriefeuer der Deutschen auf dem Fluß, und die Polen erleiden schwere Verluste. 250 von ihnen gelangen schließlich ans Nordufer, und nur 200 Mann erreichen den Perimeter. Bei Sonnenaufgang kehrt der Rest der polnischen Brigade nach Driel zurück. Die Hoffnung auf Unterstützung für den Perimeter ist immer noch nicht aufgegeben worden.

# Der achte Tag

## 24. September 1944

### Die Deutschen berichten

Am Montag, dem 25. September, gibt das Oberkommando der Wehrmacht zu den Ereignissen des Vortages bekannt:

»In West-Holland wehrten die eigenen Truppen in neuen Stellungen mehrere feindliche Angriffe ab. Im Raum Arnheim – Nimwegen fügten die Gegenangriffe dem aus der Luft gelandeten Feind, der noch nicht zu größerem Angriff antrat, weitere hohe Verluste zu. Örtliche Vorstöße des Gegners scheiterten zum Teil in erbitterten Nahkämpfen. Von den noch westlich Arnheim auf engstem Raum kämpfenden Resten der 1. englischen Luftlande-Division wurden weitere 800 Verwundete eingebracht. Östlich Eindhoven erzielte der Feind geringen Geländegewinn. Eigene Schlachtfliegerverbände griffen trotz schlechten Wetters erfolgreich in die Erdkämpfe ein. Nördlich und südöstlich Aachen wurden Angriffe des Feindes unter Abschuß mehrerer Panzer abgewiesen. An der Eifelfront verlor der Feind bei erfolglosen Angriffen 16 Panzer.«

### Und so war es

Den ganzen Sonntag über konzentriert die deutsche Artillerie ihr Feuer auf den Perimeter. »Je kleiner der Perimeter wurde«, notiert Harzer, »desto hartnäckiger verteidigten die britischen Truppen jede Ruine und jeden Meter Boden.« Die RAF unternimmt trotz schwerer Verluste einen weiteren Versuch, im Perimeter Versorgungsgüter abzuwerfen, aber fast alle Container gehen hinter den deutschen Linien nieder. Den ganzen Sonntag über liegt Driel unter immer stärker werdenden Artilleriebeschuß. Einige Volltreffer zerstören die Gebäude, in denen sich der Verbandsplatz der polnischen Fallschirmjäger befindet.

Für die Nacht von Sonntag auf Montag ist der dritte Übersetzversuch geplant: Zuerst das Bataillon Dorset von der 43. britischen Division, hinter ihm die polnische Brigade. Um 22.00 Uhr eröffnet die Korps-Artillerie massives Unterstützungsfeuer auf die deutschen Stellungen am Rhein. Drei Stunden lang warten die Männer im kalten Regen auf die Sturmboote.

Endlich, um Mitternacht treffen sie in Driel ein, allerdings nur neun Lastwagen, weil die anderen bei Elst auf feindliches Gebiet geraten sind. Zwei Lkws sind einen Deich hinuntergerutscht und im Morast steckengeblieben. Die tatsächlich eingetroffenen Boote haben jedoch keine Ruder. Die Engländer schleppen sie etwa einen halben Kilometer durch sumpfiges Gelände bis zum Wasser, wobei ihnen eine gute Stunde Zeit verlorengeht.

Noch bevor die Engländer die Boote bestiegen haben, wird eines bereits durch feindliches Feuer in Brand gesteckt und ein anderes von Splittern durchlöchert. Auch auf der anderen Seite beginnt heftiges MG-Feuer. Viele brennende Gebäude am Nordufer erleuchten den bewaldeten Abhang des Westerbouwing. Die Boote wurden zu Wasser gebracht, einige reißt dabei die Strömung fort. In dieser Situation übergeben die Polen den Engländern die Boote, mit denen sie den Fluß überqueren sollen.

Um 3.30 Uhr am Montagmorgen wird ein Versuch unternommen, die Versorgung auf die andere Rheinseite zu bringen. Von den sechs Amphibien-Lkws können nur drei zu Wasser gelassen werden: Der Damm des Niederrheins ist zu steil für diese ungewöhnlich breiten Fahrzeuge. Die drei, die die andere Seite erreichen, bleiben hoffnungslos im Schlamm stecken. Schließlich setzen der Tagesanbruch und das feindliche Feuer diesem verzweifelten Versuch, den Luftlande-Truppen im Perimeter Hilfe zukommen zu lassen, ein Ende.

# FIRST LINK WITH TROOPS NORTH OF RHINE

## SUPPLIES FERRIED ACROSS THE RIVER

## SECOND ARMY OVER THE GERMAN FRONTIER

## CANADIANS' 10-MILE ADVANCE

Contact has been made with the British airborne troops isolated north of the Rhine. This first link was made by forces of the Second Army, who crossed the river under cover of darkness in amphibious lorries with food and ammunition.

The situation was described last night as much brighter, with the Second Army " attacking everywhere " with vigour. They have penetrated a mile into Germany south-east of Nijmegen and captured a village.

The Canadians have advanced 10 miles across the Escaut canal east of Antwerp in the Turnhout area.

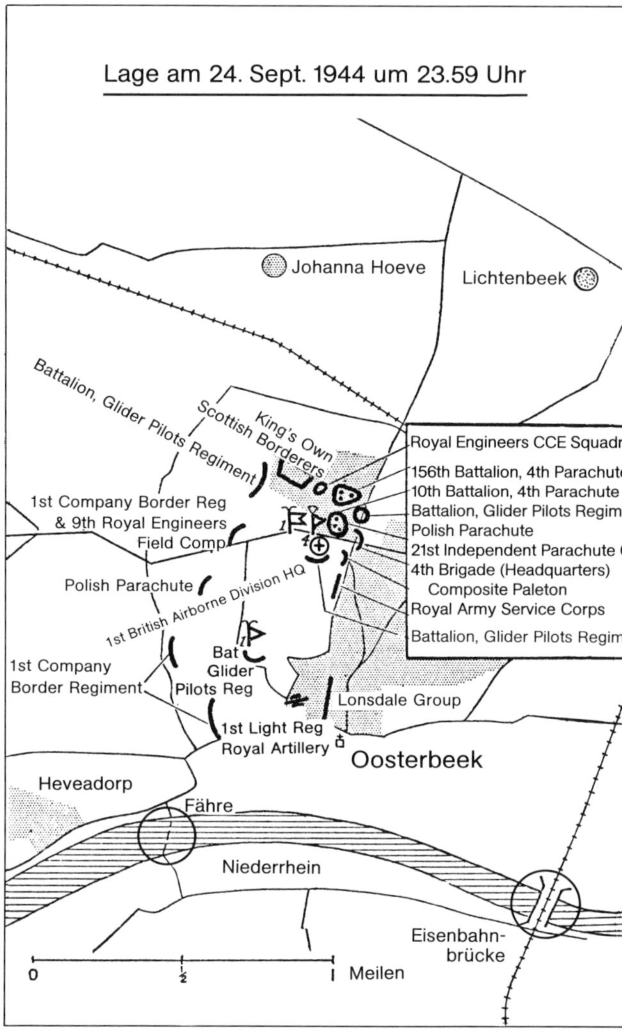


Trotzdem gelingt es bis etwa 4.00 Uhr, als es allmählich hell wird, nur etwas über hundert britischen Soldaten, das Nordufer zu erreichen. Der Rest zieht sich zusammen mit den Polen, drei Verwundete mit sich schleppend, bei Sonnenaufgang nach Driel zurück.

Oben links *Ausschnitt aus der Times vom 25. September 1944*
Oben rechts *Gefangene polnische Fallschirmjäger-Offiziere: Nur 200 Mann erreichen den Perimeter*
Mitte unten *Oosterbeek: Im Perimeter*
Unten rechts *Oosterbeek: Englische Gefangene: Der Kampf geht allmählich zu Ende*

Oben und unten *Raum Arnheim, alliierte Panzer: Der Entsatz im Gegenangriff zerschlagen*

# Der neunte Tag

## *25. September 1944*

### Die Alliierten berichten

Am Dienstag, dem 26. September 1944, berichtet das Alliierte Headquarters über die Ereignisse vom Vortage:

»Kämpfe der 2. Armee um den Korridor. – Deutsche von der Straße verjagt. – Mehr Unterstützung aus der Luft für die Truppen in der Nähe von Arnheim. – Kanadische Erfolge in Calais.

Um Mitternacht wurde gemeldet, daß der britische Korridor durch Holland zum Niederrhein wieder offen sei, nachdem er für mehrere Stunden durch einen Nachtangriff von SS-Truppen unterbrochen war.

Nachschub gelangt nun wieder nach Norden in Richtung Arnheim, und die Luftlande-Truppen nördlich des Rheins erhielten gestern starke Unterstützung aus der Luft.

Eine kleine Gruppe britischer Infanterie überquerte gestern den Niederrhein. Aber über eine weitere Verbindung mit den Luftlande-Truppen westlich von Arnheim wurde nichts berichtet.« (The Times, London, 26.9.1944)

»Der heftige Kampf britischer und polnischer Luftlande-Truppen in und um Arnheim hält weiter an. Obwohl ihre Lage durchaus kritisch aussieht, ist es noch nicht ganz hoffnungslos. Weitere Verstärkungen und Nachschub kamen sogar während der Nacht auf der anderen Seite des Flusses im Süden der Stadt an. An der Straße, die im Süden der Stadt Elst verläuft und wo der deutsche Widerstand gegen unseren Vorstoß am stärksten war, gab es in der letzten Nacht kaum Anzeichen für die Anwesenheit des Feindes, und möglicherweise ist diese Stelle inzwischen ganz gesäubert. Den spärlichen Berichten, die wir bis jetzt von unseren Luftlande-Truppen erhalten haben, entnehmen wir, daß sie sehr erschöpft sind, weil sie unter ständigem Artilleriebeschuß liegen. Aber einige von ihnen haben hinzugefügt, daß dies die letzte Verteidigungslinie der Deutschen in dieser Gegend sei.«
(The Times, London, 26.9.1944)

### Die Deutschen berichten

Am Dienstag, dem 26. September 1944, gibt das Oberkommando der Wehrmacht zu den Ereignissen des Vortages bekannt:

»In Mittel-Holland, vor allem im Raum Eindhoven, dauern die heftigen Kämpfe an. Während feindliche Angriffe südwestlich Vechel scheiterten, konnte der Gegner östlich und südöstlich Helmond einige Kilometer nach Osten vordringen. Ein zum Entsatz der westlich Arnheim eingeschlossenen Reste der 1. englischen Luftlande-Division angesetzter Angriff wurde im Gegenangriff zerschlagen. Der Gegner erlitt hohe Verluste. Nördlich Nimwegen führten die Engländer ihre starken von Panzern unterstützten Angriffe fort, konnten aber nur geringen Geländegewinn erzielen. Wirksame Angriffe unserer Jagdfliegerverbände richteten sich trotz schwieriger Wetterlage im Raum südöstlich Arnheim gegen feindliche Truppenbewegungen, Infanteriestellungen und Übersetzverkehr. Der Feind hatte schwere Verluste und verlor in Luftkämpfen 23 Flugzeuge. Südöstlich Aachen örtliche Kampfhandlungen, in denen mehrere Angriffe des Feindes abgewiesen und eine amerikanische Kampfgruppe eingeschlossen wurde . . .«

## SECOND ARMY'S BATTLE OF THE CORRIDOR

### GERMANS DRIVEN OFF ROAD

### MORE AIR SUPPORT FOR TROOPS NEAR ARNHEM

### CANADIAN GAINS AT CALAIS

It was stated at midnight that the British corridor through Holland to the Lower Rhine was open again after it had been cut for several hours in a night attack by S.S. troops.

Supplies are again flowing north in the direction of Arnhem, and the airborne troops north of the Rhine yesterday received stronger support from the air.

Small numbers of British infantry crossed the lower Rhine yesterday, but no further link up with the airborne troops west of Arnhem was reported.

Canadian troops, supported by British artillery, yesterday began an all-out assault on Calais after the port had been heavily bombed by the R.A.F. In some places the outer defences have been overrun.

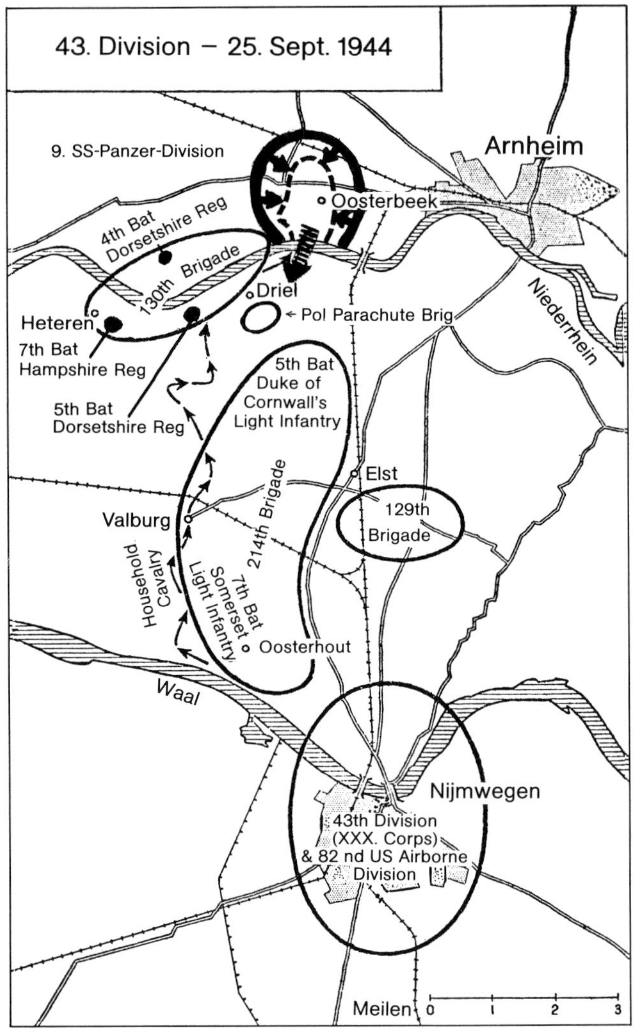


## Und so war es

Am 25. September, um 6.05 Uhr, erhält General Urquhart den Befehl zum Rückzug. Erst dreieinhalb Stunden später, um 9.30 Uhr, erlaubt Montgomery endlich Urquharts Division, sich zurückzuziehen.

Irgend jemand mit viel Sinn für Humor gibt der Rückzugsoperation die Code-Bezeichnung ›Unternehmen Berlin‹.

Um 21.00 Uhr am 25. September eröffnet die gesamte Artillerie der 43. Division von der Betuwe aus das Feuer auf die deutschen Stellungen um den Perimeter herum. Im Schutz dieses tosenden Sperrfeuers werden die Boote zu Wasser gelassen. Das erste erreichte das Nordufer um 21.40 Uhr, und kurz danach beginnt in der Dunkelheit, bei Regen und heftigem Wind, die Operation, in welcher die Luftlande-Truppen vom Perimeter zum Südufer starten. Operation ›Market-Garden‹ ist zu Ende, Operation ›Berlin‹ hat begonnen.

Oben links *Ausschnitt aus der Times vom 26. 9. 1944*
Oben rechts, unten links und rechts *Ein zerschossener Sani-Wagen-Konvoi*

Oben *Deutsche Fallschirmjäger vor dem Perimeter: »Die Lage in Arnheim ist sehr ernst«*
Unten *Der britische Kriegsberichterstatter Alan Wood im Perimeter*

# Der zehnte Tag

## 26. September 1944

### Die Alliierten berichten

Am Mittwoch, dem 27. September 1944, berichtet das Alliierte Headquarters über die Ereignisse vom Vortage:

»Der Korridor der 2. Armee ist vergrößert worden. - Vorstöße an beiden Flanken. - Lufttransporter landeten Soldaten und Nachschub. - Feindliche Streitkräfte wurde in Calais umzingelt.

General Dempsey hat mehr Bewegungsfreiheit erhalten, indem er den Korridor der 2. Armee in Holland verbreitert und verstärkt hat. Vorstöße sind an beiden Flanken gelungen.

Verstärkung und Nachschub wurden gestern von Transportflugzeugen in den Korridor eingeflogen.

Es gibt keine neuen Nachrichten von den Luftlande-Truppen in und westlich von Arnheim, es wird aber angenommen, daß ihre Lage sehr ernst ist.« (The Times, London, 27.9.1944)

»Wesentliche Fortschritte wurden bei der Ausdehnung der rechten Flanke unseres Vorstoßes Richtung Niederrhein erzielt. Man benutzte eine Nebenstraße, um die Deutschen von der Hauptstrecke zwischen Eindhoven und Nimwegen zu verjagen. Unsere Truppen konnten trotz heftigen Widerstandes an der rechten Flanke von Deurne bis nach Oplo vordringen.

Die Lage in Arnheim und westlich der Stadt ist sehr ernst, gleichgültig, ob die deutsche Meldung der Wahrheit entspricht, daß die letzten Überlebenden der britischen 1. Luftlande-Division aufgegeben haben. Die 2. britische Armee war bis jetzt nicht in der Lage, am Südufer des Niederrheins weiter vorzudringen, und deshalb konnte mit den Luftlande-Truppen auf dem Nordufer nie eine feste Verbindung entstehen. Aus dem Gebiet zwischen Waal und Niederrhein gibt es nicht so ernste Nachrichten, aber auch hier kann man die Lage nicht als günstig bezeichnen. Durch einen Vorstoß ist der Feind in den Besitz von Elst gelangt, das direkt an der Strecke von Nimwegen nach Arnheim liegt. Glücklicherweise gibt es in diesem Gebiet noch andere Straßen. Der lange Korridor muß einfach Ziel deutscher Angriffe sein, man kann jedoch erwarten, daß der Feind jedesmal zurückgeschlagen werden kann, auch wenn er gelegentlich durchbricht.« (The Times, London, 27.9.1944)

### Die Deutschen berichten

Am Mittwoch, dem 27. September 1944, gibt das Oberkommando der Wehrmacht zu den Ereignissen des Vortages bekannt:

»Im Raum Arnheim wurde am 26. September der letzte Widerstand der eingeschlossenen 1. englischen Luftlande-Divison gebrochen. In zehntägigen erbitterten Kämpfen gelang es damit, den schnell zusammengerafften Kräften aller Wehrmachtsteile unter Führung des kommandierenden Generals eines SS-Panzerkorps, SS-Obergruppenführer und General der Waffen-SS Bittrich, eine englische Elite-Divison trotz zähester Gegenwehr und Verstärkung durch weitere Landungen aus der Luft restlos zu vernichten. Alle Versuche des Feindes, von Süden her die eingeschlossene Divison zu entsetzen, scheiterten unter hohen blutigen Verlusten. Insgesamt wurden 6450 Gefangene eingebracht, Tausende Tote festgestellt, 30 Panzerabwehrgeschütze, weitere Geschütze, zahlreiche Waffen und 250 Kraftfahrzeuge erbeutet. Außerdem wurden 1000 Lastensegler vernichtet oder erbeutet und über 100 Flugzeuge abgeschossen. Im Raum beiderseits Eindhoven halten die harten Kämpfe mit den aus der Luft versorgten und weiter verstärkten englischen Verbänden an. Nördlich und östlich Nimwegen wurden Angriffe des Feindes abgewiesen. An der gesamten Front von Aachen bis südlich Metz kam es bei stellenweise heftigem beiderseitigem Artilleriefeuer nur zu örtlichen Kampfhandlungen.«

# SECOND ARMY'S CORRIDOR WIDENED

## ADVANCES ON BOTH FLANKS

### FLEET OF AIR TRANSPORTS LANDS MEN AND SUPPLIES

## ENEMY FORCES HEMMED IN AT CALAIS

General Dempsey has secured more room to manoeuvre by the widening and strengthening of the Second Army's corridor in Holland. Advances have been made on both flanks.

Reinforcements and supplies were flown into the corridor yesterday by a fleet of transports.

There is no news of the airborne forces at and west of Arnhem, and their situation is thought to be very grave.

At Calais the Canadians are progressing satisfactorily, and the main body of the enemy garrison has been pushed back into the town itself.

Oben links *Ausschnitt aus der Times vom 27. September 1944*
Mitte oben *Oosterbeek: 26. 9. 44, morgens: Der Feind ist weg*
Oben rechts *Die Operation ›Market-Garden‹ ist zu Ende: Operation ›Berlin‹ hat begonnen*
Unten rechts *Gegen 22.00 Uhr beginnt die Räumung des Perimeters: Deutsche Panzerspähwagen im Einsatz*

Nächste Seite *Nach der Schlacht: Die Batterie räumt die Stellung*
Unten *Nimwegen: Der Rest der britischen Luftlande-Truppen*

# Epilog

## Die Alliierten berichten

Am Donnerstag, dem 28. September 1944, berichtet das Alliierte Headquarters abschließend über die Operation ›Market-Garden‹:

»2000 Männer kehren aus Arnheim zurück, der letzte Rest der Luftlande-Divison. – Evakuierte Truppen wurden nachts über den Rhein gebracht. – Verbreiterte Front an der Maas.

Die Soldaten der britischen 1. Luftlande-Division wurden in der Nacht vom Montag und in der Nacht vom Dienstag über den Niederrhein zurückgezogen, nachdem sie seit dem 17. September heldenhaften Widerstand geleistet hatten.

Die für dieses Unternehmen eingesetzte Division zählte etwa 6500 Mann (die vielen hundert Lastensegler-Piloten nicht eingerechnet), und von ihnen sind 2000 unverletzt zurückgekehrt. 1200 verwundete Soldaten mußten zurückgelassen werden, aber ein Offizier, der aus der Gefangenschaft geflüchtet war, berichtet, daß die Deutschen sie mit Fairneß behandeln.

Der Korridor der 2. Armee in nördlicher Richtung durch Holland wird ständig verbreitert, und an der rechten Flanke kommt man entlang der Maas-Linie gut voran.« (The Times, London, 28.9.1944)

»Die 1. britische Luftlande-Divison, die sich über den Niederrhein zurückgezogen hatte, ist wieder da. Damit ist dieser Teil der Operation abgeschlossen. Der Rückzug wurde hauptsächlich in der Montagnacht durchgeführt, aber auch am Dienstag. Es scheint so, daß der Hauptgrund für die Niederlage dieses Teiles von General Dempseys großem Unternehmen – die anderen Unternehmen verliefen bis heute ja erfolgreich – das schlechte Wetter war, das das Anfliegen von benötigtem Nachschub und Verstärkungen behinderte und gleichzeitig die deutschen Gegenangriffe begünstigte. Außerdem war der Sicherheitsfaktor offenbar sehr klein.

Die Heldentaten vom Arnheimer Brückenkopf, die als außergewöhnlich bezeichnet werden müssen, haben die Aufmerksamkeit unseres Volkes verdient. Die Opfer unserer Truppen und die Unmöglichkeit, ihre Leistungen mit Erfolg zu krönen, haben Bedauern und Enttäuschung hervorgerufen. Das ist nur natürlich, aber es wäre falsch von uns, die Tatsache zu übersehen, daß der größte Teil des kühnen Unternehmens erfolgreich abgeschlossen wurde. Mehr noch, die Schlacht, die die 1. Luftlande-Division gefochten hat, trug sehr zu den Erfolgen bei, die an anderen Stellen des Korridors, insbesondere bei der Nimwegener Brücke, erzielt wurden.

Zwar hat der Feind im Augenblick seine Versuche aufgegeben, den Korridor zu durchschneiden, wahrscheinlich wird er jedoch bald durch Aktionen unserer Truppen an seinen Flanken heftiger reagieren. Allerdings muß das Hindernis Niederrhein immer noch überwunden werden, und man kann sicher sein, daß der Feind in der Zwischenzeit einiges unternommen hat, um seine Verteidigungsstellungen auszubauen.« (The Times, London, 28.9.1944)

Am Mittwoch meldet ein Kriegsberichterstatter der britischen Presse, der mit den Luftlande-Truppen in Arnheim war:

»Dies ist das Ende; die tragischste, aber auch glorreichste Schlacht dieses Krieges ist vorüber, und die Überlebenden der britischen Luftlande-Truppen können zum erstenmal nach acht Tagen und Nächten wieder ruhig schlafen.« (The Times, London, 27.9.1944)

Die deutsche Nachrichtenagentur meldet am Mittwoch, den 27. 9. 1944 über die Verluste der alliierten Luftlande-Division: »Gefangene – 6450, einschließlich 1700 Verwundete. Tote – über 1500, 250 Jeeps, 30 Panzerabwehrkanonen und 250 Lastensegler erbeutet; außerdem sind 719 Lastensegler zerstört worden.« (The Times, London, 27. 9. 1944)

Günther Weber, Kriegsberichterstatter der deutschen Auslands-Nachrichten-Agentur, der an den Kämpfen in Arnheim teilnahm, erklärte gestern: »Die Männer der britischen Luftlande-Division waren die besten Soldaten, denen wir während der Kämpfe an der Westfront gegenüberstanden. Die Briten kämpften wie die Löwen in ihrem immer enger werdenden Kessel. Viele von ihnen waren abgeschnitten und kämpften fünf Tage lang ohne jegliche Verpflegung. Zum Schluß verteidigten sie sich noch mit Klappmessern und Pistolen.« (The Times, London, 27. 9. 1944)

**2,000 MEN RETURN FROM ARNHEM**

**LAST OF AIRBORNE DIVISION WITHDRAWN**

**TROOPS FERRIED ACROSS RHINE BY NIGHT**

**BROADENING FRONT ON MAAS**

The troops of the British 1st Airborne Division who could be withdrawn were brought back across the lower Rhine on Monday and Tuesday night after making their gallant stand in the Arnhem area since September 17.

The number of the division dropped for the operation, not counting several hundred glider pilots, was about 6,500, and of these about 2,000 have returned unwounded. Twelve hundred wounded men have had to be left behind, but an officer who has escaped since the evacuation has reported that the Germans were treating them with consideration.

The corridor of the Second Army's northward advance into Holland is being steadily widened, and on the right flank general progress is being made towards the line of the Maas.

## Und so war es

Der Rückzugplan des Stabes der 1. Division sieht eine stufenartige Räumung des Perimeters vor. Als erste sollen die Truppen, die die nördlichste Ecke des Kessels verteidigen, herausgenommen werden, dann die Abteilungen auf der rechten und linken Flanke und zuletzt die Soldaten, die dem Fluß am nächsten liegen.

Währenddessen bleiben nur schwache Kräfte als Nachhut im Perimeter zurück. Sie sollen mit ihrem Feuer den Eindruck erwecken, daß noch alles beim alten sei. Die beiden zum Rhein führenden Wege, einer östlich und einer westlich, werden spät abends am Montag, dem 25. 9., noch einmal erkundet und unauffällig markiert sowie Gleiter-Piloten als Führer aufgestellt.

Die Überquerung des Flusses obliegt den Pionieren; in jedem der Boote finden 14 Soldaten Platz. Einige Posten bleiben bis zum letzten Augenblick bei den Gefangenen: Man will vermeiden, daß diese dem Feind die Räumung des Kessels vorzeitig verraten. Urquhart beschließt auch, daß der Divisionsarzt und das Sanitätspersonal bei den transportunfähigen Verwundeten bleiben und mit ihnen in Gefangenschaft gehen.

Gegen 22.00 Uhr beginnt in strömendem Regen und stockdunkler Nacht – erleuchtet durch nahe gelegene brennende Häuser und explodierende Artilleriegeschosse – die Räumung des Kessels von Oosterbeek. Sergeant O. B. Rees ist einer der Letzten, die den Perimeter räumen: »Heute nachmittag gelang es dem Signal-Officer, die Fetzen einer Nachricht der BBC aufzuschnappen, die besagte, daß sich die 2. Armee Arnheim näherte. Alle kannten unsere Lage. Es war doch unmöglich, uns unserem Schicksal zu überlassen. Immerhin sah die Situation alles andere als rosig aus. Unser Perimeter, auf ganze 1500 × 900 Yards zusammengeschrumpft, lag unter nicht enden wollendem deutschem Beschuß. Es gab keine sichere Ecke mehr. Die Keller der umliegenden Villen waren voll von Verwundeten, auf dem Rasen lagen die Toten aufgereiht. Es gab keine Möglichkeit mehr, sie zu begraben. Beinahe acht Nächte waren wir nun schon ohne Schlaf. Es fehlte an allem: Munition, Verbandszeug und Verpflegung. Wir sammelten Regenwasser in unseren Regenmänteln, so hatten wir wenigstens etwas zu trinken. Gegen 18.00 Uhr brachte der Leutnant die Meldung, daß wir noch in dieser Nacht den Perimeter räumen sollten. Der starke deutsche Widerstand machte es der 2. Armee unmöglich, uns zu Hilfe zu kommen. Die gesamte Ausrüstung mit Ausnahme der Sachen, die in die Brotbeutel paßten, sollte vernichtet werden. Unsere Schuhe umwikkelten wir mit Stoffstreifen aus Wolldecken, um so leise wie möglich an den deutschen Stellungen vorbeischleichen zu können.

Kurz nach 22.00 Uhr in der Nacht kletterten wir dann unter ohrenbetäubendem Feuerzauber aus unseren Splittergräben: Unsere Leute verschossen die restliche Munition, um sie nicht in die Hände des Feindes fallen zu lassen. Jeder von uns hielt den Jackenzipfel des Vordermannes fest, und so zog unsere Geisterkolonne auf dem dicht mit Blättern und Zweigen besäten Weg zwischen den Bäumen hindurch. Nachdem wir etwa 200 Yards geschlichen waren, befanden wir uns inmitten des feindlichen Ringes. Es war wirklich kein allzu gutes Gefühl, plötzlich von irgendeiner Seite unter Feuer genommen werden zu können – aber wir hatten den Befehl, ›ständig weiterzugehen‹. Während des ganzen Marsches verursachte dies ein leich-

tes Kribbeln im Rücken. Falls einer getroffen wurde, sollte ihn sein Hintermann weiterschleppen.

Ich konnte nun die Umrisse des Mannes vor mir erkennen – alles was ich von ihm wußte, war, daß ich seinen Jakkenzipfel in der Hand hielt. Zum erstenmal in meinem Leben war ich dankbar, daß es in Strömen goß, denn das Rauschen des Regens übertönte völlig die Geräusche, die wir machten. An jeder Wegbiegung wachte wie ein Schatten einer der Gleiter-Piloten. Mehrfach hielten wir an, und jedesmal landete ich mit der Nase auf dem Rücken meines Vordermannes. Nachdem sich dann die Spitze der Kolonne davon überzeugt hatte, daß der Weg frei war, zogen wir weiter.

Einmal mußten wir anhalten, da einer der Boys mit einem Geschoß im Bein zu Boden ging. Wir wollten ihn auf den Rücken nehmen, doch er flüsterte: ›Schnauze, gebt mir ein Verbandpäckchen, und dann wird es schon weitergehen, ich kann laufen!‹

Nun hatten wir die Bäume hinter uns. Bisher waren wir auf sorgfältig ausgewählten Pfaden geschlichen, aber jetzt zogen wir durch flache Wiesen, an deren Ende irgendwo im Dunklen der Fluß lag. Von den Ufern blitzte und krachte es ununterbrochen. Die Leuchtspurgeschosse zogen dickere oder dünnere Parabeln hinter sich her – je nach Kaliber – und tauchten dann irgendwo in die Dunkelheit, so schnell wie sie gekommen waren.

Gut zwei Stunden lang lagen wir am Rande der Wiese in

Oben links *Ausschnitt aus der Times vom 28. 9. 1944*
Oben rechts *Nimwegen, die Geretteten*
Unten rechts *Zwei der Geretteten: Major R. T. H. Londsdale, Irland (links), Ltn. D. A. Dolley, London (rechts) in Nimwegen*
Nächste Seite *Oosterbeek, Perimeter: »... mit einem ausgesprochenen Sieg geendet«*

einem Graben voll Regenwasser, bis uns nach Mitternacht einer der Melder sagte, daß wir jetzt an der Reihe wären. Wir mußten nur noch auf die andere Seite der Wiese gelangen und dann über den Deich kriechen. Sogleich eröffneten die Granatwerfer das Sperrfeuer den Fluß entlang, und ich hatte Angst um die, die bereits am Ufer waren. Wir robbten auf gut Glück durch einen morastigen Bodenstreifen, der uns vom Rhein trennte. Da tauchte aus der Dunkelheit der Schatten eines Sturmbootes auf. Wir mußten noch bis an die Hüften in den Fluß waten, da kam vom Bootsheck die singende Stimme eines kanadischen Pioniers: ›Macht schnell, Jungs, hier ist es nicht sehr gesund!‹ Wir halfen mit, das Boot in die reißende Strömung zu stoßen und hockten uns, den Kopf zwischen den Knien und zusammengedrängt wie die Heringe in einem Faß, ins Boot. Die ganze Zeit über wartete ich auf ein Geschoß oder so was ähnliches von der gegenüberliegenden Uferseite, aber es geschah nichts. Sie pfiffen ganz dicht über unsere Köpfe hinweg. Da kündigte ein harter Ruck das Ende unserer Fahrt an. Wir kletterten auf allen vieren hinaus, folgten einem weißen Klebeband über den Deich und rutschten auf der anderen Seite auf dem Hinterteil hinunter. Dann rannten wir noch gute 4½ Meilen durch knöcheltiefen Schlamm. Vom Fluß her begleitete uns eine heftige Kanonade. ›Mensch, du lebst noch, wie kommt denn das!‹ dachte ich mir die ganze Zeit.

Irgendwo in einer Scheune mit Rot-Kreuz-Fahne gab es für uns eine Tasse Tee mit Rum und eine warme Decke für die Schultern. Und dann mußten wir weiterlaufen, die ganze Nacht hindurch. Erst nach Tagesanbruch erreichten wir endlich todmüde einen Verbandsplatz nahe bei Nimwegen. Dort wurden wir auf Lkw zusammengepfercht, und so erreichten wir endlich Nimwegen.«

Auf dem Nordufer hockten – unter ständigem Feuer und in strömendem Regen – hilflos Hunderte von Soldaten. Zwei oder drei Boote versuchten noch, in künstlichem Nebel über den Rhein zu kommen. Doch bei Tagesanbruch muß der Rückzug gestoppt werden. Verwundete schleppen sich mühsam in die Lazarette, die jetzt schon von Deutschen besetzt sind, zurück. Gegen 9.00 Uhr am Dienstagmorgen verstummen auch die letzten Kampfgeräusche in Oosterbeek...

Auf der Südseite des Rheins wartet auf die, die dem Untergang des Kessels entkommen sind, eine weitere Überraschung: Die wenigsten finden Platz auf nur ein paar Lkw, die man ihnen zur Verfügung gestellt hat. So müssen die Männer, die den übermenschlichen Strapazen des Kampfes ausgesetzt waren und von denen manch einer verwundet ist, zum Schluß auch noch kilometerweit durch schweres, mit Wasser vollgesogenes Gelände bis nach Nimwegen laufen.

Die Operation ›Market-Garden‹ ist beendet. Neben dem Wetter, das tatsächlich ab 18. September, dem zweiten Tag des Unternehmens, schlecht bleibt und den Einsatz der Air Force erheblich beeinträchtigt, und außer dem unerwartet raschen und starken deutschen Widerstand findet man noch jemanden, der für den Verlauf der Operation im Raum Arnheim mit verantwortlich sein soll: General Sosabowski.

»... während der Operation ›Market-Garden‹ hatten alle britischen Einheiten der 2. Armee große Schwierigkeiten zu überwinden, um das Gebiet der 1. Luftlande-Division bei Arnheim zu erreichen. Dieser Offizier (gemeint ist Sosabowski, d. Autor) hat sich aber als völlig ungeeignet gezeigt, Verständnis für den Begriff der Eile bei dieser Operation aufzubringen«, meldet General Browning seinem Vorgesetzten. General Sosabowski wird mit sofortiger Wirkung des Befehls über die 1. polnische selbständige Fallschirmjäger-Brigade enthoben. Eine Untersuchungskommission, die Sosabowski zur Klärung dieser Vorwürfe verlangt, wird nie berufen.

»Die Berichte über das glorreiche Geschehen hatten uns in Kanada erreicht«, notiert Churchill, »doch erst nach meiner Rückkehr von dort war ich in der Lage, es voll zu erfassen. General Smuts war des anscheinenden Mißerfolges halber bekümmert, weshalb ich ihm telegraphierte: ›Was Arnheim anbetrifft, glaube ich, daß Sie die Episode nicht ganz unter dem richtigen Blickwinkel sehen. Die Schlacht hat mit einem ausgesprochenen Sieg geendet, nur die führende Division, die berechtigterweise nach mehr strebte, ist zerzaust worden. Ich habe darob keine betrübliche Enttäuschung empfunden und freue mich über den Mut unserer Befehlshaber, derartige Risiken auf sich zu nehmen.‹ W. Churchill, 9. Oktober 1944.«

# Anhang

# Quellen


Air Ministry, Pilot's Notes for Horsa I Glider, London, Januar 1944
Bittrich, W., Kampfbericht des II. SS-Panzer-Korps, August-November 1944
Bradley, O. N., A Soldier's Story, London 1951
Brereton, L. H., The Brereton Diaries, New York 1946
By Air To Battle, Official Account of the British Airborne Division, London 1945
Dempsey, M., Operations of the 2nd Army in Europe, London 1947
Eisenhower, D. D., Crusade in Europe, London 1948
Harzer, W., Die Mitwirkung der 9. SS-Pz. Div. (Kampfgruppe) an der Schlacht von Arnheim, 1944
Horrocks, B., A Full Life, London 1960
Iddekinge, drs. P. R. A. van, Arnhem September 1944, Arnhem 1969
Intelligence Corps, With the Airborne at Arnhem, Notes of Interest, Vol. 8, 1945
Krafft, S., Gefechtsbericht des SS-Pz. Gren. Ausb. u. Ers. Btl. 16, 1944
Model, W., OKW - AGr. B, Kriegstagebuch, 1. Sept.-15. Okt. 1944
Montgomery, B., Normandy to the Baltic, London 1947
Polscy Spadochroniarze, Pamietnik Zolnierzy, London 1947
Sosabowski, S., Najkrotsza Droga, London 1957
Student K., Alliierte Luftlande-Unternehmen vom 17. September 1944, 1944
Urquhart, R. E., Arnhem, London 1958


### Berichte


Allied HQ Reports - September 1944
BBC - London - September 1944
OKW-Berichte - September 1944
The Times, London - September 1944
Darstellung von Beteiligten


### Fotos

Bundesarchiv Koblenz (150)
Imperial War Museum, London (45)
Sikorski Institut, London (20)
Gemeentearchief Arnhem (10)
Ir. J. Voskuil, Oosterbeek (10)
Archiv J. Piekalkiewicz

### Alliierte unveröffentlichte Dokumente


1. Allied Airborne HQ
1. British Airborne Corps
1. British Airborne Division
82. US Airborne Division
101. US Airborne Division
1. Polska Samodzielna Brygada Spadochronowa


# Ein Wort des Dankes


Ich möchte für Ihre freundliche Hilfe meinen herzlichen Dank sagen:
Herrn Dr. M. Haupt und Herrn H. Walther, Bundesarchiv Koblenz;
allen Herren der Photographic Library, Imperial War Museum, London;
Mr. J. S. Lucas und Mr. P. H. Reed, Imperial War Museum, London;
Col. W. D. Kasprowicz, Zwiazek Polskich Spadochroniarzy, London;
Commander J. Wronski, Capt. W. Milewski, Capt. R. Dembinski, Capt. St. Zurakowski, Sikorski Institut, London;
Mjr. G. G. Norton und C/Sjt. I. H. Fitch, The Airborne Museum, Aldershot;
Frau Dr. v. Gersdorff, Militärgeschichtliches Forschungsamt, Freiburg;
Herrn M. Meyer, Militärarchiv, Freiburg;
Herrn P. R. A. van Iddekinge, Gemeentearchief Arnhem;
Herrn A. Groeneweg, Bibliotheek Arnhem;
Herrn Ir. J. Voskuil, Oosterbeek.

# Personenregister

*(kursive Seitenzahlen beziehen sich auf Abbildungen)*

# Ortsregister

Genehmigte Lizenzausgabe für
Weltbild Verlag GmbH, Augsburg 1998

Umschlaggestaltung: Georg Lehmacher, Friedberg
Umschlagmotiv: Die Brücke von Arnheim/

Satz und Lithos: ew print & medien service gmbh, Würzburg
Gesetzt aus 10/11 Punkt Times, System Berthold
Überschriften aus der Formata, Apple Macintosh, Freehand
Druck und Bindung: Druckerei Appl, Wemding
Printed in Germany
ISBN 3-8289-0278-2

DER AUTOR

Janusz Piekalkiewicz (1925–1988), geboren in Warschau, Neffe des im Jahr 1943 von der Gestapo ermordeten Chefs der polnischen Widerstandsbewegung, Professor Jan Piekalkiewicz, war bereits mit 17 Jahren Mitglied der polnischen Untergrundarmee und einer der wenigen Überlebenden des Warschauer Aufstandes 1944.
1946 machte er das Abitur, besuchte anschließend die Filmakademie in Lodz und studierte Zeitgeschichte. 1956 war er am Aufstand in Ungarn beteiligt, 1957 in Wien als Straßenarbeiter und Rundfunkreporter tätig, dann als Filmschaffender in Paris, London und der Bundesrepublik.
Seine 26teilige TV-Serie »Spione, Agenten, Soldaten – Geheime Kommandos im Zweiten Weltkrieg« erhielt – unter anderem wegen der Fairneß und Sachlichkeit in der Berichterstattung – den ersten Preis, die Goldene Nymphe, auf dem IX. Internationalen TV-Festival in Monte Carlo – die einzige und bis heute höchste Auszeichnung, die das deutsche Fernsehen in der Sparte Zeitgeschichte gewonnen hat.
Er hat für seine zeitgeschichtlichen Text- und Bilddokumentationen einen völlig neuen und unverkennbaren Buchstil entwickelt, der von den in- und ausländischen Kritikern enthusiastisch aufgenommen worden ist.

Seine wichtigsten Veröffentlichungen

»Stalingrad«, »Luftkrieg 1939–1945«, »Die Schlacht von Monte Cassino«, »Seekrieg 1939–1945«, »Die Schlacht um Moskau«, »Krieg der Panzer 1939–1945«, »Polenfeldzug«, »Der Zweite Weltkrieg«, »Weltgeschichte der Spionage«, »Der Erste Weltkrieg«.